> 改訂版

産休・育休制度
の実務がまるっとぜんぶわかる本

2025年4月・10月施行の改正法に完全対応

社会保険労務士法人ヒューマンテック経営研究所
特定社会保険労務士
島 麻衣子 著

日本法令

はじめに

　社会保険労務士として日々実務を行う中で、人事労務の実務に携わる方から妊娠・出産、育児休業・介護休業等に関する実務についてご質問をいただくことがよくあります。これらは育児・介護休業法に詳細に定められているほか、男女雇用機会均等法、雇用保険法、健康保険法、厚生年金保険法等、複数の法律に定めがあり、全容を把握するのは簡単ではありません。

　これらの制度について、妊娠から職場復帰後までの一連の実務を横断的に確認できる書籍として2022年に本書を執筆しましたが、このたび、育児・介護休業法が改正されたことをきっかけに、新たな改正事項を反映した改定版を執筆させていただくことになりました。

　第1章は妊娠・出産から職場復帰後までの各制度についての基本解説です。初めて実務に携わる方は最初からお読みいただき、既に実務に携わっている方は確認したい項目のみお読みいただければと思います。

　第2章は2024年改正（2025年4月、10月施行）についての解説です。今回の改正は、新たに柔軟な働き方を実現するための措置を講じることが事業主に義務付けられるなど人事労務の実務に大きな影響があるため、改正内容のほか、改正法施行までに企業が対応すべき具体的な実務とスケジュールについても取り上げました。

　第3章では改正法施行後を想定した実務対応について、妊娠から職場復帰後までそれぞれのステージで何をすべきかを時系列で見ていただけるように整理しました。

i

第4章は「実務で使えるツール編」として、制度全体の概要が一覧で見られる表のほか、改正法に対応した育児・介護休業規程例、社内様式例および個別周知文書の例などを掲載しています。

本書を日々の実務に少しでもお役に立てていただければ幸いです。

2025年1月

特定社会保険労務士　キャリアコンサルタント

島　麻衣子

目　次

第1章　制度解説編

I　妊娠・出産に関する制度 ………………… 3

- **1** 均等法に定める「母性健康管理措置」の概要／3
- **2** 労基法の「母性保護」の概要／7

II　子育てに関する制度 …………………14

- **1** 育児休業／14
- **2** 出生時育児休業／41
- **3** 子育て中の就業に関する制度／55

III　その他の事業主が講ずべき措置等 ………78

- **1** 育児・介護休業法に定める制度の周知義務等／79
- **2** 育児休業の取得状況の公表／85
- **3** 妊娠・出産、育児休業等に関するハラスメント防止措置等／86
- **4** 妊娠・出産、育児休業等を理由とする不利益な取扱いの禁止／93
- **5** 労働者の配置に関する配慮／96

Ⅳ 　各種社会保険の手続き ‥‥‥‥‥‥‥‥ 101

1　妊娠・出産前後の制度／102
2　育児休業に関する制度／109
3　産前産後休業・育児休業復帰後の手続き／121

第2章　**法改正編**

Ⅰ 　育児・介護休業法等の改正概要 ‥‥‥‥ 132

1　改正法の概要／132
2　育児・介護休業法の改正／134
3　雇用保険法の改正／150

Ⅱ 　改正法への実務対応 ‥‥‥‥‥‥‥‥‥ 165

1　2025年4月1日までに対応すべき事項／166
2　2025年10月1日までに対応すべき事項／172
3　企業の対応スケジュール／177

Ⅲ 　〈参考〉介護に関する改正 ‥‥‥‥‥‥ 179

▶　介護に関する改正の概要／179

第3章　改正法を踏まえた実務編

I　妊娠等の申出の前に ……………………… 187

▶　雇用環境の整備／187

II　妊娠・出産等の申出から産前6週間まで… 188

1　個別周知・意向確認／188
2　意向聴取・配慮／189
3　妊娠に関する母性健康管理措置等（出産する女性労働者のみ）／189
4　妊娠に関する母性保護措置（出産する女性労働者のみ）／190
5　業務体制の見直し／191

III　産前6週間から出産まで ……………… 192

1　産前休業（出産する女性労働者のみ）／192
2　出生時育児休業に関する申出（主に男性労働者）／193

IV　子の出生から産後8週間まで ………… 196

1　子の出生と健康保険の被扶養者とする手続き／196
2　産後休業（出産する女性労働者のみ）／196
3　出生時育児休業（主に男性労働者）／200

目　次　v

4 育児休業の申出／203

V 産後 8 週間後〜1 歳 …………………… 206

1 育児休業／206
2 育児休業期間の確認・育児休業の延長の申出／209

VI 1 歳到達日後 ……………………………… 212

▶ 1 歳到達日後の休業（1 歳〜1 歳 6 ヵ月、1 歳 6 ヵ月〜2 歳の育児休業）／212

VII 職場復帰後 ………………………………… 216

1 子育て中の就業に関する制度の適用／216
2 職場復帰後の社会保険手続き／219
3 子が 1 歳に達する前に復帰した女性労働者の母性保護措置等（女性労働者のみ）／222
4 子が 3 歳になる前の個別周知・意向確認・意向聴取・配慮／224
5 3 歳以上小学校就学始期までの子を養育する労働者に対する措置（柔軟な働き方を選択するための措置）／224

第4章　実務で使えるツール編

01 ▶ 妊娠・出産、育児に関する制度概要一覧表／232

02 ▶ 個別周知・意向確認・意向聴取文書の例（厚生労働省記載例より）／249

03 ▶ 育児・介護休業等に関する規則の規定例／267

04 ▶ 社内様式記載例／312

05 ▶ 育児・介護休業等に関する労使協定（例）／340

06 ▶ 母性健康管理指導事項連絡カード／345

凡　例

　本書中、法律・施行規則・指針・通達等の名称については、以下のとおり省略しております。

法律	法律・施行規則・指針・通達等の名称	略称
男女雇用機会均等法	雇用の分野における男女の均等な機会及び待遇の確保等に関する法律（男女雇用機会均等法）	均等法
	雇用の分野における男女の均等な機会及び待遇の確保等に関する法律施行規則	均等則
	妊娠中及び出産後の女性労働者が保健指導又は健康診査に基づく指導事項を守ることができるようにするために事業主が講ずべき措置に関する指針（平成9年労働省告示第105号）	母性健康管理指針
	事業主が職場における妊娠、出産等に関する言動に起因する問題に関して雇用管理上講ずべき措置等についての指針（平成28年厚生労働省告示第312号）	マタハラ指針
	労働者に対する性別を理由とする差別の禁止等に関する規定に定める事項に関し、事業主が適切に対処するための指針（平成18年厚生労働省告示第614号）	性差別禁止指針
労働基準法	労働基準法	労基法
育児・介護休業法	育児休業、介護休業等育児又は家族介護を行う労働者の福祉に関する法律	育児・介護休業法 育介法 改正育介法
	育児休業、介護休業等育児又は家族介護を行う労働者の福祉に関する法律施行規則	育児・介護休業法施行規則 育介則 改正育介則

育児・介護休業法		子の養育又は家族の介護を行い、又は行うこととなる労働者の職業生活と家庭生活との両立が図られるようにするために事業主が講ずべき措置に関する指針（平成21年厚生労働省告示第509号）	育介指針 改正育介指針
		育児休業、介護休業等育児又は家族介護を行う労働者の福祉に関する法律の施行について（平28.8.2職発0802第1号、雇児発0802第3号、最終改正令3.11.30雇均発1130第1号）	育介施行通達 改正育介施行通達
雇用保険法		雇用保険法施行規則	雇保則 改正雇保則

第1章

制度解説編

はじめに

　労働者の妊娠、出産、育児に関しては、育児・介護休業法のほか、男女雇用機会均等法、労働基準法により、母性保護や休業の定めがあります。また、これらの制度に関連して健康保険や厚生年金保険、雇用保険など社会保険の手続きも生じます。本章では特に事業主に義務付けられている点を中心に、制度全般を見ていきます。

Ⅰ 妊娠・出産に関する制度

　妊娠・出産に関する制度は、男女雇用機会均等法（以下「均等法」という）に「母性健康管理措置」の定めが、労働基準法（以下「労基法」という）には「母性保護」の定めがあります。はじめに母性健康管理措置について見ていきましょう。

1 均等法に定める「母性健康管理措置」の概要

　均等法では、妊娠中または産後の女性労働者が通院するための時間を確保することや、医師等から指導があった場合に必要な措置をとることを事業主に義務付けています。

CONTENTS

1　均等法に定める「母性健康管理措置」の概要
 (1)　保健指導または健康診査を受けるための時間の確保
 (2)　医師等の指導事項を守ることができるようにするための措置
　① 妊娠中の通勤緩和
　② 妊娠中の休憩に関する措置
　③ 妊娠中または出産後の症状等に対応する措置

Ⅰ　妊娠・出産に関する制度　3

(1) 保健指導または健康診査を受けるための時間の確保

均等法12条、均等則2条の4

　事業主は、妊娠中または産後1年以内の女性労働者（以下「妊産婦」という）が保健指導または健康診査を受けるための通院等の時間を与える必要があります（以下「通院休暇」という）。通院休暇を与える必要のある時期および回数は図表1－1のとおりです。

▶図表1－1　通院休暇を与える時期および回数

	時　期	回　数	
妊娠中	妊娠23週まで	4週間に1回	※医師等が左記と異なる指示をしたときは、その指示による回数
	妊娠24週から35週まで	2週間に1回	
	妊娠36週から出産まで	1週間に1回	
出産後1年以内		医師等の指示があった場合は、その指示の都度	

　通院休暇は女性労働者が希望した場合は必ず与える必要があります。休暇を与える単位は法令上特に決められていませんので、例えば、時間単位または半日単位とすることが考えられます。いずれにしても通院に要する時間は個々人で異なることから、なるべく柔軟に取得できるようにすることが望まれます。申請の手続きは事前に書面で行うこととするのがよいでしょう。なお、休暇を取得した時間または日については、無給としても差し支えありません。

(2) 医師等の指導事項を守ることができるようにするための措置

均等法13条1項

　妊産婦から、保健指導または健康診査に基づき医師等から指導を受けた旨の申出があった場合、その指導事項を守ることができるよう、事業主は必要な措置を講じる必要があります。具体的には母性健康管理指針により次の3点とされています。

---

① 妊娠中の通勤緩和
　• 時差出勤
　• 勤務時間の短縮　等
② 妊娠中の休憩に関する措置
　• 休憩時間の延長
　• 休憩の回数の増加　等
③ 妊娠中または出産後の症状等に対応する措置
　• 作業の制限
　• 勤務時間の短縮、休業等

　これらの措置は、あくまで医師等の指示があった場合に、その指示に沿った措置を講じるものです。事業主は、妊産婦からの申出に当たっては、医師等の指導の内容や事業主がとるべき措置が明確にわかるよう、「母性健康管理指導事項連絡カード」（第4章参照）の利用に努めるものとされています。なお、前掲指針によれば、医師等による具体的な指導がない場合や必要な措置が不明確な場合においても、妊娠中の女性労働者から上記①～③の申出があった場合は、担当の医師等と連絡をとり、その判断を求める

Ⅰ　妊娠・出産に関する制度　5

等適切な対応を図る必要があるとされています。

また、これらの措置を講じた結果、妊産婦が就業しなかった日または時間については、有給とする義務はありませんので、無給としても差し支えありません。

ここまでのまとめ

1 均等法に定める「母性健康管理措置」の概要
(1) 保健指導または健康診査を受けるための時間の確保
（通院休暇）
→妊娠週数が23週までは4週間に1回、24〜35週までは2週間に1回、36週から出産までは1週間に1回、産後は医師の指示があった場合、その都度
(2) 医師等の指導事項を守ることができるようにするための措置
① 妊娠中の通勤緩和
→時差出勤、勤務時間の短縮等
② 妊娠中の休憩に関する措置
→休憩時間の延長、休憩の回数の増加等
③ 妊娠中または出産後の症状等に対応する措置
→作業の制限、勤務時間の短縮等の措置

2　労基法の「母性保護」の概要

　これまで均等法に定める母性健康管理措置について見てきました。ここからは労基法に定める「母性保護措置」について見ていきます。労基法では、妊産婦の働く時間や業務の制限および産前産後の休業等について定めがあります。

CONTENTS
2　労基法の「母性保護」の概要
　(1)　妊娠中および産後の就業に関する制度
　　①　妊産婦の時間外労働・休日労働・深夜業の制限
　　②　妊婦の軽易業務への転換
　　③　妊産婦等の危険有害業務の就業制限
　(2)　休暇・休業に関する制度
　　①　産前産後休業
　　②　育児時間

解　説

(1)　妊娠中および産後の就業に関する制度

　労基法では、妊産婦である労働者について、労働時間や従事する業務に関し一定の制限があります。

①　妊産婦の時間外労働・休日労働・深夜業の制限

労基法66条

　妊産婦が請求した場合は、時間外労働・休日労働・深夜業をさ

I　妊娠・出産に関する制度　7

せることはできません。ここでいう時間外労働・休日労働・深夜業とは、労基法に定める労働時間を超える時間、休日または深夜の時間帯に労働させることをいい、具体的には次のとおりです。

- 時間外労働：1日8時間、週40時間（法定労働時間）を超える時間外労働
- 休日労働：週1日の休日（法定休日）に労働させること
- 深夜業：午後10時から午前5時の時間帯に労働させること

　なお、変形労働時間制（1年単位の変形労働時間制、1ヵ月単位の変形労働時間制、1週間単位の非定型的変形労働時間制）が適用されている妊産婦であっても、請求があった場合は法定労働時間を超える時間外労働、休日労働、深夜業をさせることはできないため注意を要します。

②　妊婦の軽易業務への転換

労基法65条3項

　妊娠中の女性労働者が請求した場合は、他の軽易な業務に転換させる必要があります。この場合、新たに軽易な業務を創設してまで転換させる義務はありません。

③　妊産婦等の危険有害業務の就業制限

労基法64条の2、64条の3、女性労働基準規則2条

　労基法では母体や胎児の保護の観点から、妊産婦を坑内業務その他危険または有害とされる一定の業務に就かせることを禁じています。

8　第1章　制度解説編

坑内業務については、妊娠中の女性および業務に従事しない旨を申し出た産後1年以内の女性を従事させてはならないこととされています。その他一定の危険有害業務の制限の範囲は業務の内容および妊娠中か産後1年以内かで異なります。具体的には図表1-2のとおりです。

●図表1-2　妊産婦の就業が制限される業務

×→就業不可　　△→本人から申出があった場合は就業不可　　○→就業可

業務の内容					妊娠中	産後1年以内
1	一定以上の重量物を取り扱う業務				×	×
	年齢	重量				
		断続作業	継続作業			
	満16歳未満	12kg 以上	8kg 以上			
	満16歳以上満18歳未満	25kg 以上	15kg 以上			
	満18歳以上	30kg 以上	20kg 以上			
2	ボイラーの取扱いの業務				×	△
3	ボイラーの溶接の業務				×	△
4	つり上げ荷重が5トン以上のクレーンもしくはデリックまたは制限荷重が5トン以上の揚貨装置の運転の業務				×	△
5	運転中の原動機または原動機から中間軸までの動力伝導装置の掃除、給油、検査、修理またはベルトの掛換えの業務				×	△
6	クレーン、デリックまたは揚貨装置の玉掛けの業務（2人以上で行う玉掛けの業務における補助作業の業務を除く）				×	△
7	動力により駆動される土木建築用機械または船舶荷扱用機械の運転の業務				×	△
8	直径が25cm以上の丸のこ盤（横切用丸のこ盤および自動送り装置を有する丸のこ盤を除く）またはのこ車の直径が75cm以上の帯のこ盤（自動送り装置を有するものを除く）に木材を送給する業務				×	△
9	操車場の構内における軌道車両の入換え、連結または解放の業務				×	△
10	蒸気または圧縮空気により駆動されるプレス機械または鍛造機械を用いて行う金属加工の業務				×	△
11	動力により駆動されるプレス機械、シャー等を用いて行う厚さが8mm以上の鋼板加工の業務				×	△
12	岩石または鉱物の破砕機または粉砕機に材料を送給する業務				×	△

Ⅰ　妊娠・出産に関する制度　9

13	土砂が崩壊するおそれのある場所または深さが5m以上の地穴における業務	×	○
14	高さが5m以上の場所で、墜落により労働者が危害を受けるおそれのあるところにおける業務	×	○
15	足場の組立て、解体または変更の業務（地上または床上における補助作業の業務を除く）	×	△
16	胸高直径が35cm以上の立木の伐採の業務	×	△
17	機械集材装置、運材索道等を用いて行う木材の搬出の業務	×	△
18	塩素化ビフェニル、アクリルアミド、エチルベンゼン、鉛、エチレングリコールモノエチルエーテル等の有害物（26物質）を発散する場所の区分に応じ、それぞれ当該場所において行われる一定の業務	×	×
19	多量の高熱物体を取り扱う業務	×	△
20	著しく暑熱な場所における業務	×	△
21	多量の低温物体を取り扱う業務	×	△
22	著しく寒冷な場所における業務	×	△
23	異常気圧下における業務	×	△
24	さく岩機、鋲打機等身体に著しい振動を与える機械器具を用いて行う業務	×	×

(2) 休暇・休業に関する制度

　労基法では、(1)で述べた労働時間や従事する業務の制限のほか、産前産後における休暇・休業制度を定めています。

① 産前産後休業

労基法65条

　産前産後休業とは、産前6週間（多胎妊娠の場合は14週間）および産後8週間の休業をいいます。この場合の「産前」とは、出産予定日を基準として計算し、「産後」は実際の出産日の翌日から計算します。このため、出産が予定日より早まったり遅れたりした場合、産前産後休業期間は出産前に予定していた期間（図表1-3①）と変わるので注意が必要です。具体的には、出産が予定日より早まった場合は、早まった日数分産前休業の期間が短縮し、産後休業は前倒しになります（図表1-3②）。一方、出産が

10　第1章　制度解説編

予定日より遅れた場合は、その日数分は産前休業が延長され、産後休業の期間は後ろにずれることになります（図表1-3③）。

産前の休業については、6週間（多胎妊娠の場合は14週間）以内に出産する予定の女性労働者から請求があったときは、事業主は必ず休業させる必要があります。言い換えれば、女性労働者から請求がない場合は、必ずしも休業させる必要はありません。

一方、産後8週間の休業については、女性労働者本人の意思にかかわらず、原則として休業させる必要があります。ただし、産後6週間を経過した女性労働者が就業を希望する場合で、医師が支障がないと認めた業務に就かせることは可能です。

▶図表1-3　産前産後休業期間の考え方

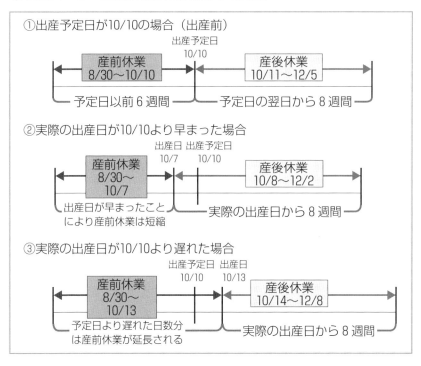

I　妊娠・出産に関する制度　11

産前産後期間中は無給として差し支えありません。なお、「出産」とは妊娠4ヵ月（85日）以上の分娩であり、死産または妊娠中絶も含むものとされています。したがって、妊娠4ヵ月以上の流産や妊娠中絶の場合でも、原則として産後8週間の休業を必要としますので、注意を要します。

② 育児時間

労基法67条

生後満1年に達しない子を育てる女性労働者は、1日に2回、それぞれ30分を育児のための時間として請求することができます。この時間は、いわゆる休憩時間とは別に与える必要があります。育児時間は休憩時間と異なり、労働時間の途中に与える必要はありません。例えば、所定労働時間が午前9時～午後6時の場合に、午前9時～9時30分の30分間と、午後5時30分～午後6時の30分間を育児時間として請求することも可能です。

なお、1日の労働時間が4時間以内の女性労働者については、育児時間は1回（30分）のみ与えればよいとされています（昭36.1.9 基収8996）。

ここまでのまとめ

2　労基法の「母性保護」の概要
　(1)　妊娠中および産後の就業に関する制度
　　①　妊産婦の時間外労働・休日労働・深夜業の制限
　　　→妊産婦が請求した場合は、時間外労働・休日労

働・深夜業をさせてはならない。

② 妊婦の軽易業務への転換

→妊娠中の女性労働者が請求した場合は、他の軽易な業務に転換させる必要がある。

③ 妊産婦等の危険有害業務の就業制限

→妊娠中の女性を坑内業務その他危険または有害業務とされる一定の業務に就かせることはできない。産後1年以内の女性は業務に従事しない旨を申し出た場合は就業させることはできない（一部業務は申出がなくても就業不可）。

(2) 休暇・休業に関する制度

① 産前産後休業

→産前6週間（多胎妊娠の場合は14週間）および産後8週間の休業。産前は請求があった場合に与える。産後は原則として休業させる。

② 育児時間

→生後満1年に達しない子を育てる女性労働者は、1日に2回、それぞれ30分を育児のための時間として請求することができる。

Ⅰ 妊娠・出産に関する制度　13

Ⅱ 子育てに関する制度

　ここからは、出産後の子育てに関する制度を見ていきましょう。子育てに関する制度は、主に育児・介護休業法に定めがあります。なお、「★」のマークが付いている箇所は、第2章で解説する育児・介護休業法の改正（2025年4月または10月施行）に関する事項です。

1　育児休業

　育児休業は原則として1歳に満たない子を育てる男女労働者が取得できる休業です。対象労働者から休業取得の申出があった場合、事業主は拒否することはできません。この制度の具体的な内容を見ていきましょう。

CONTENTS

1　育児休業
　(1)　対象労働者
　　①　育児休業の対象労働者
　　②　労使協定により対象外とすることが可能な労働者
　(2)　休業の対象となる「子」
　(3)　休業期間

① 原則的な休業期間

② 両親ともに育児休業をする場合の特例（パパ・ママ育休プラス）

③ 休業期間の延長

④ 休業期間の変更（繰上げ、繰下げ、撤回等）

⑤ 休業の終了

(4) 休業の回数

(5) 申出期限等

① 1歳までの育児休業の申出期限等

② 育児休業の延長の申出期限等

③ 特別な事情がある場合の申出期限等

④ 休業期間の変更（繰上げ、繰下げ、撤回等）の申出期限等

▶ 解　説 ▶

(1) 対象労働者

　育児休業の対象労働者を見てみます。育児休業は基本的にすべての労働者が対象ですが、例外として、一部対象外となる労働者もいます。

① 育児休業の対象労働者

育介法5条1項

　育児休業の対象労働者は、原則として1歳に満たない子を育てるすべての労働者（日々雇用される者を除く）です。対象労働者から育児休業の申出があった場合、事業主は拒否することはできません。ただし、契約社員等の有期雇用労働者は以下の要件を満

Ⅱ　子育てに関する制度　15

たす場合に限ります。

〈有期雇用労働者の取得要件〉

　養育する子が1歳6ヵ月に達する日までに、労働契約が終了することが明らかでないこと

---

②　労使協定により対象外とすることが可能な労働者

育介法6条1項、育介則8条

　①で見たように、育児休業は一部の有期雇用労働者等を除くすべての労働者を対象としていますが、労使協定（労働者の過半数で組織する労働組合があるときはその労働組合、そのような労働組合がないときは労働者の過半数を代表する者との書面による協定。以下同じ）を締結することにより、以下の労働者を対象外とすることが可能です。

〈労使協定により育児休業の対象外とすることが可能な労働者〉

- 事業主に引き続き雇用された期間が1年未満の者
- 育児休業の申出があった日から起算して1年（子が1歳〜1歳6ヵ月の休業、1歳6ヵ月〜2歳の休業（後述22ページ参照）に関する申出の場合は6ヵ月）以内に雇用関係が終了することが明らかな者
- 週の所定労働日数が2日以下の者

(2) 休業の対象となる「子」

育介法2条、育介則1条

　育児休業は、原則として1歳に満たない子を養育する労働者が取得できます。ここでいう「子」とは、実子のほか、養子等も含みます。具体的には次のとおりです。

〈休業の対象となる「子」〉
- 労働者と法律上の親子関係がある子（実子、養子）
- 特別養子縁組前の監護期間中の子
- 養子縁組里親に委託されている子
- 本来は「養子縁組里親」として委託すべきであるが、実親等の反対により養子縁組里親として委託できず、「養育里親」として委託されている子

(3) 休業期間

　育児休業の休業期間は、原則として子が1歳に達する日（誕生日の前日）までですが、一定の要件のもと、延長や変更が可能です。詳しく見ていきましょう。

① 原則的な休業期間

育介法5条1項

　育児休業の期間は、原則として子が出生した日から1歳に達する日（誕生日の前日）までの間で労働者が申し出た期間です。ただし、出産した女性の場合は子の出生から原則として8週間は労基法の定めにより産後休業を取得しますので、育児休業開始日はおのずと産後休業が終了する日の翌日以降となります。

Ⅱ　子育てに関する制度　17

育児休業の原則的な休業期間は子が１歳に達する日までですが、一定の要件を満たす場合は特例や延長が適用され、１歳に達する日を超えて休業することが可能です。これについては後述の「②　両親ともに育児休業をする場合の特例（パパ・ママ育休プラス）」および「③　休業期間の延長」で詳しく解説します。

②　両親ともに育児休業をする場合の特例　　（パパ・ママ育休プラス）

育介法９条の２

　両親ともに育児休業をする場合で、一定の要件を満たすときは、特例として、育児休業を子が１歳２ヵ月に達する日まで取得することが可能です（以下「パパ・ママ育休プラス」という）。特例の適用により、通常の育児休業より休業の対象となる期間が２ヵ月延長されるわけです。ただし、両親それぞれが休業を取得できる期間は、通常の育児休業と同様、１年間（365日または366日）です。なお、出産した女性の場合、この１年間には産後休業の期間を含みます。
　パパ・ママ育休プラスの特例が適用される要件は以下のとおりです。

〈パパ・ママ育休プラスの要件〉
　次のいずれにも該当すること
- 労働者本人の配偶者が、子の１歳に達する日以前において育児休業をしていること
- 労働者本人の育児休業開始予定日が子の１歳の誕生日以前であること

18　第１章　制度解説編

- 労働者本人の育児休業開始予定日が、配偶者がしている育児休業の初日以降であること

　パパ・ママ育休プラスは、父親の育児休業の取得促進策の1つとして、2009年の法改正で創設された制度です（施行は2010年6月30日）。特例が活用されるケースを見てみましょう。

◉図表1−4　両親が1歳の時点で交代して休業を取得するケース

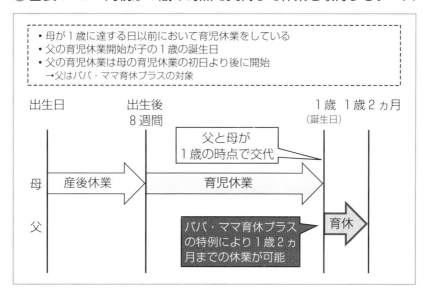

●図表1-5　両親が同時期に育児休業をする期間を設けるケース

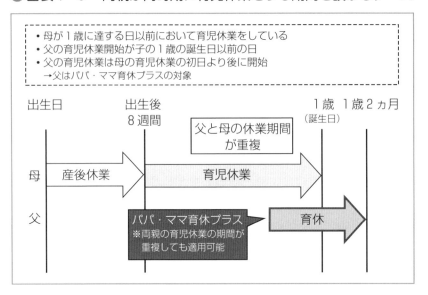

●図表1-6　両親ともに育児休業を取得しない期間があるケース

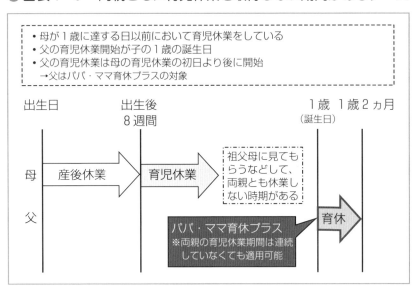

●図表1-7　両親ともにパパ・ママ育休プラスが適用されるケース

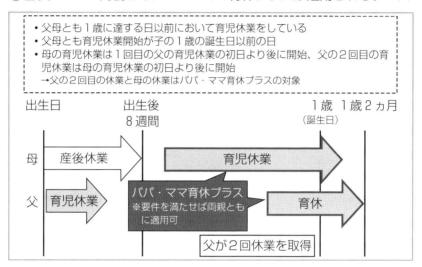

ただし、以下のようなケースは、パパ・ママ育休プラスの要件を満たさず、特例は適用できないので注意を要します。

●図表1-8　特例が適用されないケース1

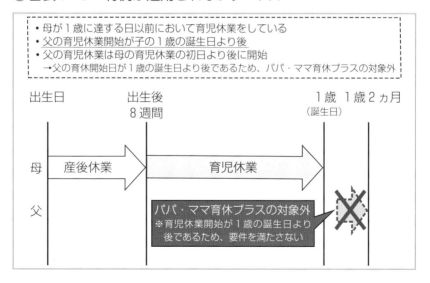

▶図表1-9　特例が適用されないケース2

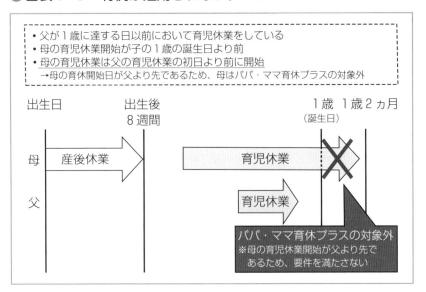

③　休業期間の延長

> 育介法5条3項～6項、育介則5条の2～6条の2

　これまで見てきたように、育児休業の期間は原則として子が1歳に達する日（誕生日の前日）まで、パパ・ママ育休プラスの特例が適用される場合は子が1歳2ヵ月に達する日までとされていますが、子が1歳に達しても保育所に入れない等の事情がある場合は1歳（パパ・ママ育休プラスの場合は1歳2ヵ月。以下同じ）から1歳6ヵ月まで、1歳6ヵ月の時点でも事情が解消しないときは、さらに1歳6ヵ月から2歳まで休業期間の延長が可能です。延長の要件は次のとおりです。

〈休業期間の延長の要件〉

　子が1歳〜1歳6ヵ月の休業の場合は子が1歳に達する日において、1歳6ヵ月〜2歳の休業の場合は子が1歳6ヵ月に達する日において、原則として次の3つの要件のいずれにも該当すること

注：（　　）内は1歳6ヵ月〜2歳の休業の場合

- 子が1歳（1歳6ヵ月）に達する日において、労働者本人またはその配偶者が育児休業をしていること
- 子が1歳（1歳6ヵ月）に達した後も特に休業が必要と認められる㋑または㋺のいずれかの事情があること
  - ㋑　保育所等※に申込みをしているが、入所できない等当面保育の利用ができない場合
  - ㋺　常態として子の養育を行っている配偶者が、ⓐ死亡、ⓑ負傷・疾病・身体上もしくは精神上の障害、ⓒ離婚、ⓓ産前6週間（多胎妊娠の場合は14週間）または産後8週間の期間中のいずれかに該当し、子を養育することが困難になった場合
- 1歳6ヵ月（2歳）までの育児休業をしたことがないこと

　ただし、以下の特別な事情がある場合は、上記要件にかかわらず、1歳6ヵ月（2歳）までの休業を取得することが可能
- 新たな産前産後休業期間が始まったことにより育児休業が終了した場合で、産前産後休業にかかる子が次のいずれかに該当したとき
  - ㋑　死亡したこと

（ロ）　子が他人の養子となったこと等の事情により、同居しなくなったこと

- 新たな育児休業期間または出生時育児休業期間が始まったことにより育児休業が終了した場合で、新たな育児休業または出生時育児休業にかかる子が次のいずれかに該当したとき

（イ）　死亡したこと

（ロ）　子が他人の養子となったこと等の事情により、同居しなくなったこと

（ハ）　特別養子縁組の不成立、養子縁組里親への委託の措置の解除

- 新たな介護休業期間が始まったことにより育児休業が終了した場合で、対象家族が死亡したときまたは離婚、婚姻の取消し、離縁等により介護休業の対象家族との親族関係が消滅したとき

※　児童福祉法に規定する保育所、就学前の子どもに関する教育、保育等の総合的な提供の推進に関する法律に規定する認定こども園および児童福祉法に規定する家庭的保育事業等

　１歳～１歳６ヵ月の休業、１歳６ヵ月～２歳の休業は、原則として両親のどちらか一方が１歳に達する時点で休業をしていれば、その配偶者が交代で取得することも可能です。例えば、母親が１歳までの育児休業を取得している場合であって、１歳に達した時点で保育所に入れない等の事情がある場合は、母親が引き続き休業をするほか、父親が交代で取得することも可能です。

延長の場合の休業開始日は、原則として、1歳～1歳6ヵ月の休業は1歳に達した日の翌日、1歳6ヵ月～2歳の休業は1歳6ヵ月に達した日の翌日ですが、夫婦が交代で取得する場合は、「配偶者の育児休業終了予定日の翌日以前の日」を開始予定日とすることができます（図表1-10）。

◉図表1-10　1歳到達日後の育児休業の開始日

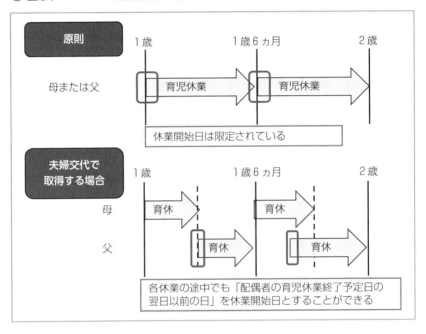

　なお、有期雇用労働者が休業期間の延長をする場合、上記要件に加え、次の要件を満たす必要があります。

〈有期雇用労働者の要件〉

● **1歳から1歳6ヵ月までの休業**

労働者の配偶者が1歳までの育児休業を取得しており、交代で労働者本人が対象の子について初めて育児休業を取得する場合は、以下の要件を満たすこと（労働者が1歳までの休業から引き続き延長する場合は、下記要件は問わない）

・養育する子が1歳6ヵ月に達する日までに、労働契約が終了することが明らかでないこと。

● **1歳6ヵ月から2歳までの休業**

対象の子について育児休業の取得が初めてか否かにかかわらず、以下の要件を満たすこと

・養育する子が2歳に達する日までに、労働契約が終了することが明らかでないこと。

④　休業期間の変更（繰上げ、繰下げ、撤回等）

　労働者は、育児休業の開始予定日の繰上げまたは終了予定日の繰下げをすることができます。その他にも、育児休業の申出の撤回をする場合や、申出後に一定の事由が生じた場合に申出されなかったものとみなされる場合の取扱いについて育児・介護休業法に定めがあります。

　(イ)　休業開始予定日の繰上げ

育介法7条1項、育介則10条

　労働者は、1歳までの育児休業の申出をした後に、出産予定日前に子が出生するなどの一定の事由が生じた場合、申出当初の開始予定日を1回（複数回休業する場合は各休業ごとに1回）に限

26　第1章　制度解説編

り開始予定日より前の日に変更（繰上げ）することが可能です。この場合の一定の事由とは、次のとおりです。

〈休業開始予定日を繰り上げることができる事由〉
- 出産予定日前に子が出生したこと
- 配偶者の死亡
- 配偶者が負傷または疾病により子を養育することが困難になったこと
- 配偶者が子と同居しなくなったこと
- 育児休業の申出にかかる子が負傷、疾病、身体上・精神上の障害により、2週間以上世話を必要とする状態になったこと
- 育児休業の申出にかかる子について、保育所等に申込みを行っているが、当面保育の利用ができないこと

㈹　休業終了予定日の繰下げ

`育介法7条3項`

　育児休業の申出をした労働者は、当初の申出時に育児休業終了予定日とした日を、理由を問わず、1回に限り終了予定日より後の日に変更（繰下げ）することが可能です。なお、この終了予定日の繰下げは、1歳までの育児休業（複数回休業する場合は各休業）、1歳〜1歳6ヵ月の育児休業、1歳6ヵ月〜2歳の育児休業について、それぞれの期間内に1回ずつ可能です。

㈸　休業開始予定日の繰下げと休業終了予定日の繰上げ

　育児・介護休業法では、休業開始予定日の繰下げと休業終了予定日の繰上げについての定めがありません。したがって、これら

Ⅱ　子育てに関する制度　27

について労働者が希望したとしても、必ずしも認める必要はありませんが、男女とも育児休業を柔軟に取得する観点から、企業の実情に応じてこれらを認める制度を設けることは望ましい措置といえるでしょう。

(二) 申出の撤回

育介法８条１項～３項、育介則19条

育児休業の申出をした労働者は、開始予定日の前日までは、育児休業の申出を撤回することができます。

子が１歳に達するまでの育児休業の申出を撤回した場合は、その申出にかかる育児休業をしたものとみなされます。例えば、１回目の申出を撤回した場合、(4)で後述するとおり育児休業は２回取得ができることから、１回目については取得したものとみなされ再度の申出はできませんが、残り１回は申出ができます。

一方、育児休業の延長（１歳～１歳６ヵ月、１歳６ヵ月～２歳の休業）の申出を撤回したときは、下記の特別な事情がある場合を除き再度の申出をすることはできません。

〈育児休業申出の撤回後、再度育児休業の申出ができる特別な事情〉

- 配偶者が死亡したとき
- 配偶者が負傷、疾病、身体上・精神上の障害により、子を養育することが困難となったとき
- 婚姻の解消その他の事情により配偶者が子と同居しないこととなったとき
- 育児休業の申出にかかる子が負傷、疾病、身体上・精神上の障害により、２週間以上世話を必要とする状態になった

28 第１章 制度解説編

とき
- 育児休業の申出にかかる子について、保育所等に申込みを行っているが、当面保育の利用ができないとき

　なお、1歳までの育児休業の申出と、1歳～1歳6ヵ月の育児休業の申出、1歳6ヵ月～2歳の育児休業の申出は、別個の育児休業として扱われますので、1歳の育児休業申出を撤回した後に、1歳～1歳6ヵ月までの育児休業を取得することや、1歳～1歳6ヵ月の育児休業の申出を撤回した後に、1歳6ヵ月～2歳の育児休業を取得することは可能です。具体的な例としては、例えば、1歳までの育児休業の申出を撤回した父親が、育児休業をしていた母親と交代で1歳～1歳6ヵ月の育児休業を取得するケースなどが考えられます。

(ホ)　申出がされなかったものとみなされる場合

> 育介法8条4項、育介則20条

　育児休業の申出後、休業開始予定日とされた日の前日までに子の死亡等、子を養育しないこととなる一定の事由が生じた場合は、育児休業の申出自体がされなかったものとみなされます。

〈育児休業申出がされなかったものとみなされる場合〉
- 子の死亡
- 養子である子の離縁または養子縁組の取消し
- 子が他人の養子となったこと等の事情により、同居しないこととなったこと
- 特別養子縁組の不成立、養子縁組里親への委託の措置の解

Ⅱ　子育てに関する制度　29

除
- 労働者が負傷、疾病、身体上・精神上の障害により1歳（休業期間の延長の場合は1歳6ヵ月または2歳）に達するまでの間、子を養育することができない状態になったこと
- パパ・ママ育休プラスにより子が1歳に達する日の翌日以降育児休業をする場合に、労働者の配偶者が育児休業をしていないこと

⑤　休業の終了

育介法9条2項、育介則20条、21条

　育児休業は、次の場合には、労働者の意思にかかわらず終了します。

〈労働者の意思にかかわらず育児休業が終了する場合〉
- 子を養育しないこととなった次のいずれかの事由が生じたとき
　→事情が生じた日に終了
- ㋑　子の死亡
- ㋺　養子である子の離縁または養子縁組の取消し
- ㋩　子が他人の養子となったこと等の事情により、同居しないこととなったこと
- ㋥　特別養子縁組の不成立、養子縁組里親への委託の措置の解除
- ㋭　労働者が負傷、疾病、身体上・精神上の障害により1歳（休業期間の延長の場合は1歳6ヵ月または2歳）に

達するまでの間、子を養育することができない状態に
なったこと
- 子が1歳（休業期間の延長の場合は1歳6ヵ月または2歳）に達したとき
    → 1歳（1歳6ヵ月または2歳）に達した日で終了
- 育児休業期間中に新たな産前産後休業、介護休業、育児休業、出生時育児休業が始まったとき
    →新たな産前産後休業等が始まった日の前日で終了

(4) 休業の回数

育介法5条2項～4項、育介則5条

労働者が育児休業を取得しようとする場合、事業主への申出が必要です。労働者が育児休業を申し出ることができる回数には制限がありますので、1歳までの育児休業と、育児休業の延長について、それぞれの申出回数を見ていきましょう。

① 1歳までの育児休業の申出回数

子が1歳に達するまでの育児休業の取得は、原則として子1人につき2回まで可能とされています。ただし、以下の特別な事情がある場合は、例外的に育児休業を3回取得することができます。

〈育児休業を再度取得することができる特別な事情〉
- 新たな産前産後休業期間が始まったことにより育児休業が終了した場合で、産前産後休業にかかる子が次のいずれか

Ⅱ　子育てに関する制度　31

に該当したとき

　㋑　死亡したこと

　㋺　子が他人の養子となったこと等の事情により、同居しないこととなったこと

- 新たな育児休業期間または出生時育児休業期間が始まったことにより育児休業が終了した場合で、新たな育児休業または出生時育児休業にかかる子が次のいずれかに該当したとき

　㋑　死亡したこと

　㋺　子が他人の養子となったこと等の事情により、同居しないこととなったこと

　㋩　特別養子縁組の不成立、養子縁組里親への委託の措置の解除

- 新たな介護休業期間が始まったことにより育児休業が終了した場合で、対象家族が死亡または離婚、婚姻の取消し、離縁等により対象家族との親族関係が消滅したとき
- 配偶者が死亡したとき
- 配偶者が負傷、疾病、身体上・精神上の障害により、子を養育することが困難となったとき
- 婚姻の解消その他の事情により配偶者が子と同居しないこととなったとき
- 育児休業の申出にかかる子が負傷、疾病、身体上・精神上の障害により、2週間以上世話を必要とする状態になったとき
- 育児休業の申出にかかる子について、保育所等に申込みを行っているが、当面保育の利用ができないとき

② 育児休業の延長の申出回数

　育児休業を延長する場合の申出回数については、1歳～1歳6ヵ月までの休業および1歳6ヵ月から2歳の休業について、それぞれ1回のみとされています。ただし、特別な事情がある場合は再度申出をすることが可能です。特別な事情については、(3)「③　休業期間の延長」の休業期間の延長の要件（23ページ）を参照してください。

(5)　申出期限等

　労働者が希望どおり育児休業を取得したり、休業期間を変更（繰上げ・繰下げ等）したりするためには、定められた期限までに事業主に申出をする必要があります。それぞれの申出期限について見ていきましょう。なお、具体的な申出の手続きについては、第3章で取り上げていますので、併せて参照してください。

①　1歳までの育児休業の申出期限等

育介法6条3項、育介則12条

　労働者は、育児休業を取得するときは、開始しようとする日の1ヵ月前までに事業主に申し出る必要があります。申出がこれより遅れた場合でも育児休業は取得できますが、その場合、事業主は、労働者が申し出た開始予定日から「育児休業の申出があった日の翌日から起算して1ヵ月を経過する日」までの間で、休業を開始する日を指定することができます。この場合の1ヵ月を経過する日とは、育児休業申出の日の属する月の翌月の応当日（応当日がない場合はその月の末日）をいいます。例えば、10月1日を開始予定日とした育児休業の申出が9月15日になされた場合、10月15日が「1ヵ月を経過する日」となります。したがって、事業

Ⅱ　子育てに関する制度　33

●図表1-11　育児休業開始日の指定

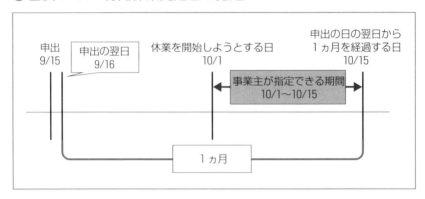

主は10月1日から10月15日までの間で育児休業を開始する日を指定することができます（図表1-11）。

　また、事業主が育児休業を開始する日を指定する場合、原則として申出のあった日の翌日から3日を経過する日までに、指定する日を労働者に通知する必要があります。例えば、上の例でいえば、9月15日の翌日から3日を経過する日である、9月18日までに開始予定日を通知することになります。なお、事業主が指定する休業開始予定日が「3日を経過する日」より前の日となるときは、休業開始予定日までに通知をします。

②　育児休業の延長の申出期限等

　　　　　　　　　　　　　　　　育介法6条3項、育介則12条

　育児休業の延長については、子の1歳の誕生日（1歳6カ月に達する日の翌日※）から休業を開始しようとする場合は、2週間前までに申出をする必要があります。申出がこれより遅れた場合でも延長の申出はできますが、その場合、「育児休業の申出があった日の翌日から起算して2週間を経過する日（2週間後の応

当日＝曜日が同じ日）」までの間で、休業を開始する日を指定することができます。

　なお、夫婦交代で取得する場合等、子の１歳の誕生日（１歳６ヵ月に達する日の翌日※）より後の日から休業を開始しようとする場合であって、申出が子の１歳の誕生日以降（１歳６ヵ月に達する日の翌日※）に行われる場合は、休業を開始しようとする日の１ヵ月前までの申出が必要です。申出がこれより遅れた場合は、①と同様、「育児休業の申出があった日の翌日から起算して１ヵ月を経過する日」までの間で、休業を開始する日を指定することができます。

※　１歳６ヵ月から２歳までの休業の場合

③　特別な事情がある場合の申出期限等

育介法６条３項、育介則10条、11条、12条

　原則的な育児休業の申出期限については、前述①および②のとおりですが、出産予定日前に子が出生したこと等、早急に育児休業をすることが必要な特別な事情がある場合は、<u>１週間前までに</u>申し出ればよいこととされています。申出がこれより遅れた場合、事業主は「育児休業の申出があった日の翌日から起算して１週間を経過する日（翌週の応当日＝曜日が同じ日）」までの間で、休業を開始する日を指定することができます。事業主が休業開始日を指定する場合は、①、②と同様、申出のあった日の翌日から３日を経過する日までに労働者への通知が必要です。早急に育児休業をすることが必要な特別な事情は、休業開始日の繰上げができる事情と同じで、次のとおりです。

Ⅱ　子育てに関する制度　35

〈育児休業の申出が 1 週間前まででよい特別な事情〉
- 出産予定日前に子が出生したこと
- 配偶者の死亡
- 配偶者が負傷または疾病により子を養育することが困難になったこと
- 配偶者が子と同居しなくなったこと
- 育児休業の申出にかかる子が負傷、疾病、身体上・精神上の障害により、2 週間以上世話を必要とする状態になったこと
- 育児休業の申出にかかる子について、保育所等に申込みを行っているが、当面保育の利用ができないこと

④ 休業期間の変更（繰上げ、繰下げ、撤回等）の申出期限等

　育児休業期間の変更の申出期限は、休業開始予定日を繰り上げる場合と休業終了予定日を繰り下げる場合で異なります。繰上げ、繰下げ、撤回等の申出期限について具体的に見ていきましょう。

⑴ 休業開始予定日の繰上げの申出期限

育介法 7 条 2 項、育介則14条、15条

　1 歳までの育児休業の申出後に労働者が一定の特別な事情（(3)④「⑴　休業開始予定日の繰上げ」参照）に該当したときは、休業開始予定日を育児休業 1 回につき 1 回に限り、繰り上げることができます。この場合、労働者は原則として1 週間前までに変更を申し出る必要があります。申出がこれより遅れた場合、事業主は「変更の申出があった日の翌日から起算して 1 週間を経過する日（申出日の翌週の応当日＝曜日が同じ日）」までの間で、休業

36　第 1 章　制度解説編

を開始する日を指定することができます（図表1-12）。ただし、「1週間を経過する日」が当初の育児休業の申出の日より後であるときは、当初の育児休業申出の日までの間で指定することになります（図表1-13）。

◉図表1-12　繰上げの指定

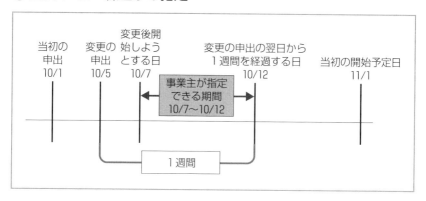

◉図表1-13　繰上げの指定（1週間を経過する日が当初の申出より後の日の場合）

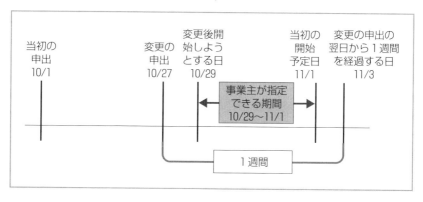

なお、事業主が変更後の休業開始日を指定する場合は、原則と

Ⅱ　子育てに関する制度　37

して申出のあった日の翌日から３日を経過する日までに労働者に対し通知することが必要です。

㈑　休業終了予定日の繰下げの申出期限

育介法７条３項、育介則16条

　労働者は、理由を問わず育児休業１回につき１回に限り、休業終了予定日を繰り下げることが可能です。この場合、１歳までの育児休業は１ヵ月前まで、１歳～１歳６ヵ月の休業および１歳６ヵ月～２歳の休業は２週間前までに申し出る必要があります。申出がこれより遅れた場合、法律上、事業主は必ずしも休業終了予定日の繰下げに応じる必要はありません。この点は休業開始予定日の繰上げとは取扱いが異なるので留意が必要です。もちろん、期限を過ぎても繰下げを認めるとすることは差し支えありません。

㈜　申出の撤回

育介法８条１項

　育児休業の申出をした労働者が、その申出を撤回する場合は、開始予定日の前日までに申し出ることとされています。

ここまでのまとめ

1　育児休業
　⑴　対象労働者
　　①　育児休業の対象労働者
　　　→すべての労働者（日々雇用される者を除く）

38　第１章　制度解説編

［有期雇用労働者は以下の要件を満たす者］

・子が 1 歳 6 ヵ月に達する日までに労働契約が終了することが明らかでないこと

② 労使協定により対象外とすることが可能な労働者

→・雇用された期間が 1 年未満の者

・1 年（1 歳到達後の休業の場合は 6 ヵ月）以内に雇用関係が終了することが明らかな者

・週の所定労働日数が 2 日以下の者

(2) 休業の対象となる「子」

→・労働者と法律上の親子関係がある子（実子、養子含む）

・特別養子縁組前の監護期間中の子

・養子縁組里親に委託されている子

・本来は「養子縁組里親」として委託すべきであるが、実親等の反対により養子縁組里親として委託できず、「養育里親」として委託されている子

(3) 休業期間

① 原則的な休業期間

→1 歳に達する日（誕生日の前日）まで

② 両親ともに育児休業をする場合の特例（パパ・ママ育休プラス）

→一定の要件を満たす場合、子が 1 歳 2 ヵ月に達する日まで

③ 休業期間の延長

→保育所等に入れない等の事情がある場合は 1 歳

～1歳6ヵ月、1歳6ヵ月～2歳まで延長可

④　休業期間の変更（繰上げ、繰下げ、撤回等）

　　→一定の事由が生じた場合、開始予定日を育児休業1回につき1回に限り繰上げ可

　　→事由を問わず終了予定日を育児休業1回につき1回に限り、繰下げ可

　　→・子が1歳に達するまでの育児休業の申出を撤回した場合は、その申出にかかる育児休業をしたものとみなされる

　　　・育児休業の延長（1歳～1歳6ヵ月、1歳6ヵ月～2歳の休業）の申出を撤回した場合は、特別な事情がない限り再度の申出不可

　　→休業開始日の前日までに子の死亡等子を養育しないこととなる一定の事由が生じた場合は育児休業の申出自体がされなかったものとみなされる

⑤　休業の終了

　　→子の死亡等子を養育しないこととなった場合や休業期間中に新たな産前産後休業等が始まった場合、育児休業は労働者の意思にかかわらず終了

（4）　休業の回数

　　→原則として子1人につき2回まで

（5）　申出期限等

①　1歳までの育児休業の申出期限等

　　→原則として1ヵ月前まで

② 育児休業の延長の申出期限等

　→原則として２週間前まで

③ 特別な事情がある場合の申出期限等

　→原則として１週間前まで

④ 休業期間の変更（繰上げ、繰下げ、撤回等）の申出期限等

　→開始予定日の繰上げは原則として１週間前まで

　→終了予定日の繰下げは１ヵ月前、１歳〜１歳６ヵ月、１歳６ヵ月〜２歳の休業は２週間前まで（これより遅れた場合、認める義務はない）

　→申出の撤回は開始予定日の前日まで

2　出生時育児休業

　出生時育児休業は、子の出生後８週間以内に４週間まで休業を取得できる制度であり、2021年の育児・介護休業法の改正により、主に男性が育児休業を取得しやすくするための新しい制度として創設されました（施行日：2022年10月１日）。この制度の具体的な内容を見ていきましょう。

CONTENTS

2　出生時育児休業

　(1)　対象労働者

　(2)　対象期間と休業期間

Ⅱ　子育てに関する制度　41

- (3) 休業の回数
- (4) 事業主の義務
- (5) 申出期限
- (6) 休業中の就業
- (7) 出生時育児休業の終了
- (8) 不利益取扱いの禁止
- (9) 出生時育児休業期間の変更（繰上げ・繰下げ・撤回等）

➡ 解　説 ➤➤

(1)　対象労働者

育介法9条の2、9条の3第2項、育介則21条の3

　出生時育児休業は、原則としてすべての労働者（日々雇用される者を除く）が対象ですが、有期雇用労働者については、「子の出生の日（出産予定日前に出生した場合は出産予定日）から起算して8週間を経過する日の翌日から6ヵ月を経過する日までに労働契約が満了することが明らかでない者」に限ります。

　また、労使協定を締結した場合は、以下の労働者は対象外とすることが可能です。

〈労使協定により出生時育児休業の対象外とすることができる労働者〉
- 引き続き雇用された期間が1年未満の者
- 出生時育児休業申出があった日から起算して8週間以内に雇用関係が終了することが明らかな者
- 1週間の所定労働日数が2日以下の者

42　第1章　制度解説編

(2) 対象期間と休業期間

育介法9条の2

　出生時育児休業の対象となる期間(以下「対象期間」という)は、子の出生後8週間以内の期間とされていますが、正確には子の出生の日から起算して8週間を経過する日の翌日までです。例えば、4月1日が出生日の場合、その日から起算して8週間(56日)を経過する日が5月26日、その翌日が5月27日ですから、4月1日から5月27日までが対象期間ということになります。出生時育児休業は、この対象期間内に4週間(28日)以内で取得できます(図表1-14)。

▶図表1-14　出生時育児休業の対象期間と休業期間

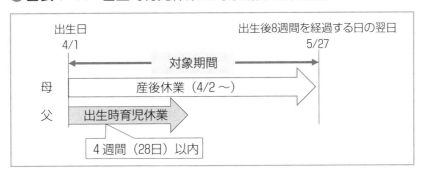

　なお、子の出生が出産予定日より早まったり遅れたりした場合の対象期間は、以下のとおりです(図表1-15)。

- 出産予定日前に子が生まれた場合
  → 「出生日」から「出産予定日から起算して8週間を経過する日の翌日」まで

Ⅱ　子育てに関する制度　43

- 出産予定日後に子が生まれた場合
  → 「出産予定日」から「出生日から起算して8週間を経過する日の翌日」まで

◉図表1-15　出産予定日と出生日が異なる場合の対象期間

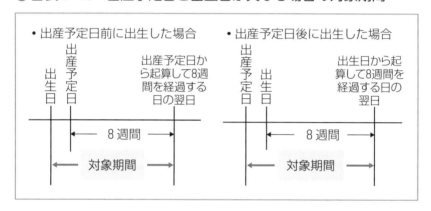

(3) 休業の回数

育介法9条の2第2項、9条の3第1項

　出生児育児休業は、対象期間内に事由を問わず分割して2回まで取得が可能ですが、その場合、2回分をまとめて申し出ることが必要です。なお、前述のとおり、1歳までの育児休業についても2回までの分割取得が可能とされます（31ページ参照）が、出生時育児休業とは別の制度であるため、それぞれ2回ずつ分割して取得することが可能です。

(4) 事業主の義務

育介法9条の3第1項

事業主は、出生時育児休業の申出があったときは、その申出を拒むことはできません。ただし、1回の申出の後に、新たにもう1回申出がなされたときはその申出は拒むことができます。(3)で見たとおり、分割取得を希望する場合は、1回でまとめて2回分の休業を申し出ることが必要であり、1回の申出後に新たに申し出た場合の2回目については、取得を認める必要はないということです。

(5) 申出期限

育介法9条の3第3項・第4項、育介則21条の5、21条の7

出生時育児休業の申出は、原則として開始しようとする日の2週間前までに行う必要がありますが、労使協定を締結して一定の措置を講じた場合は、2週間超1ヵ月以内の期間を申出の期限とすることが可能です。労使協定で定める事項は次のとおりです。

〈申出の期限を2週間超1ヵ月以内とする労使協定に定める事項〉
① 出生時育児休業申出が円滑に行われるようにするための措置の内容
  • 以下の雇用環境整備のための措置のうち2以上の措置を講じること
    (イ) 雇用する労働者に対する育児休業にかかる研修の実施
    (ロ) 育児休業に関する相談体制の整備

Ⅱ 子育てに関する制度　45

㋩　雇用する労働者の育児休業の取得に関する事例の収集および当該事例の提供

㈡　雇用する労働者に対する育児休業に関する制度および育児休業の取得の促進に関する方針の周知

㋭　育児休業申出をした労働者の育児休業の取得が円滑に行われるようにするための業務の配分または人員の配置にかかる必要な措置

- 育児休業の取得に関する定量的な目標を設定し、育児休業の取得の促進に関する方針を周知すること
- 育児休業申出にかかる当該労働者の意向を確認するための措置を講じた上で、その意向を把握するための取組みを行うこと

②　申出の期限とする期間（２週間超１ヵ月以内）

①の(イ)～㈡については、Ⅲ1「(2)　育児休業等を取得しやすい雇用環境の整備」の措置（83ページ参照）と同じです。㋭の「育児休業申出をした労働者の育児休業の取得が円滑に行われるようにするための業務の配分または人員の配置にかかる必要な措置」は、休業した労働者の業務を引き継ぐ他の労働者の業務負担が過大とならないよう配慮し、調整の上で行う必要があり、単に他の労働者に引き継ぐだけでは措置を行ったことになりません。また、「育児休業の取得に関する定量的な目標を設定」とは、法に基づく育児休業の取得率のほか、企業における独自の育児目的の休暇制度を含めた取得率等を設定することも可能ですが、少なくとも男性の取得状況に関する目標を設定することが必要とされています（育介施行通達）。

46　第1章　制度解説編

原則的な申出期限はこれまで述べたとおりですが、例外として、出産予定日前に子が出生したことや配偶者の死亡等、特別な事情がある場合は、１週間前までの申出でよいとされます。特別な事情については、育児休業と同様です（35ページ参照）。

　なお、労働者の申出がこれらの期限より遅れた場合、事業主は開始する日を指定することができます。この場合の指定できる期間は、労働者が申し出た開始予定日から「申出があった日の翌日から起算して２週間（労使協定で申出期限を定めた場合は、その日が経過する日、特別な事情がある場合は１週間）を経過する日」までの間です。この場合の「経過する日」の考え方は育児休業と同じです（33ページ参照）。

(6)　休業中の就業

> 育介法９条の５第２項～第５項、育介則21条の15～19

　育児休業中の就業については、労使合意のもと、あくまで一時的・臨時的なものに限り可能と解されています。しかし、出生時育児休業については、労使協定の締結を前提として、一定の範囲内で就業することを可能としています。具体的には、以下の範囲内とされています。

〈就業可能な範囲〉
- 就業日数：出生時育児休業期間の所定労働日数の１／２以下（１日未満の端数は切捨て）
- 労働時間：出生時育児休業期間における所定労働時間の合計の１／２以下
- その他：開始予定日または終了予定日を就業日とする場

Ⅱ　子育てに関する制度　47

合、労働時間がその日の所定労働時間に満たない時間

　出生時育児休業中に就業を可能とする場合の手続きは、次のとおりです。

〈出生児育児休業中に就業を可能とする場合の手続き〉
① 労使協定の締結
② 労働者が休業中に就業することを希望する場合は、休業開始予定日の前日までに、以下の事項を労働者自身が申出
　　(イ) 就業可能日
　　(ロ) 就業可能日における就業可能な時間帯（所定労働時間内の時間に限る）その他の労働条件
③ 申出を受けた事業主は、就業可能日等の範囲内で次の事項を提示。労働者の同意を得た場合に限り、提示した日時に就業させることが可能
　　(イ) 就業可能日のうち、就業させることを希望する日（希望しない場合はその旨）
　　(ロ) 就業時間帯その他の労働条件
④ 労働者の同意を得た場合、事業主は次の事項を労働者に通知
　　(イ) 労働者の同意を得た旨
　　(ロ) 出生時育児休業期間において、就業させることとした日時その他の労働条件
⑤ 休業開始予定日の前日までの間、労働者は同意を撤回す

48　第1章　制度解説編

ることが可能。休業開始予定日以後は、下記の特別な事情がある場合に限り撤回できる。同意を撤回する場合、同意を撤回する旨、撤回する年月日、特別な事情の場合は当該事情にかかる事実を申出。事業主は事実を証明する書類の提出を求めることができる。また、労働者に対し、撤回を受けた旨等を通知

休業開始日以後に同意を撤回できる特別な事情

- 配偶者の死亡
- 配偶者が負傷、疾病または身体上・精神上の障害その他これらに準ずる心身の状況により出生時育児休業申出にかかる子を養育することが困難な状態になったこと
- 婚姻の解消その他の事情により配偶者が出生時育児休業申出にかかる子と同居しないこととなったこと
- 出生時育児休業申出にかかる子が負傷、疾病または身体上・精神上の障害その他これらに準ずる心身の状況により、2週間以上の期間にわたり世話を必要とする状態になったこと

就業に関する手続きのうち、②〜⑤における、労働者の申出、同意および事業主の提示、通知に関しては、ⓐ書面を交付する方法、ⓑファクシミリを利用して送信する方法、ⓒ電子メール等の送信の方法（電子メール等の記録を出力することにより書面を作成することができるものに限る）のいずれかで行う必要があります。なお、ⓑ、ⓒについては、事業主への申出等については事業

Ⅱ　子育てに関する制度　49

主が適当と認める場合、労働者に対する通知等については労働者が希望する場合に限ります。

(7) 出生時育児休業の終了

育介法9条の5第6項、育介則21条の14、21条の20

出生時育児休業は、次の場合に、労働者の意思にかかわらず終了します。

〈労働者の意思にかかわらず出生時育児休業が終了する場合〉

• 子を養育しないこととなった次のいずれかの事由が生じたとき

→事情が生じた日に終了

① 子の死亡

② 養子である子の離縁または養子縁組の取消し

③ 子が他人の養子となったこと等の事情により、同居しないこととなったこと

④ 特別養子縁組の不成立、養子縁組里親への委託の措置の解除

⑤ 労働者が負傷、疾病、身体上・精神上の障害により子が出生の日から起算して8週間を経過する日の翌日までの間、子を養育することができない状態になったこと

• 子の出生の日の翌日（出産予定日前に子が出生した場合は出産予定日の翌日）から起算して8週間を経過したとき

→8週間を経過した日で終了

• 子の出生の日（出産予定日後に子が出生した場合は出産予

---

50 第1章 制度解説編

定日）以後出生時育児休業の日数が28日に達したとき

→28日に達した日で終了

- 育児休業期間中に新たな産前産後休業、介護休業、育児休業、出生時育児休業が始まったとき

→新たな産前産後休業等が始まった日の前日で終了

(8) 不利益取扱いの禁止

育介法10条、育介則22条の2

　育児休業と同様に、出生時育児休業についても、休業の申出をしたこと等を理由として、労働者に解雇その他不利益な取扱いをしてはならないこととされています。出生時育児休業に関して不利益な取扱いが禁止される事由は以下のとおりです。

〈出生時育児休業に関し不利益な取扱いが禁止される事項〉
- 出生時育児休業の申出をし、または出生時育児休業をしたこと
- 休業中の就業を希望する旨の申出をしなかったこと
- 休業中に就業を希望する旨の申出が事業主の意に反する内容であったこと
- 休業中の就業の申出にかかる就業可能日等の変更をしたことまたは当該申出の撤回をしたこと
- 休業中の就業にかかる事業主からの提示に対して同意をしなかったこと
- 休業中の就業にかかる事業主との同意の全部または一部の撤回をしたこと

Ⅱ　子育てに関する制度　51

(9) 出生時育児休業期間の変更（繰上げ・繰下げ・撤回等）

育介法9条の4、育介則21条の14

　出生時育児休業の開始予定日の繰上げ・終了予定日繰下げにかかる事項、申出の撤回については育児休業の規定を準用することとされているため、基本的には1歳までの育児休業と同じルールということになります（26ページ参照）。ただし、休業終了予定日の繰下げについては、2週間前までの申出が必要とされています。また、出生時育児休業の申出がされなかったものとみなされる場合については以下のとおりです。

〈出生時育児休業の申出がされなかったものとみなされる場合〉
- 子の死亡
- 養子である子の離縁または養子縁組の取消し
- 子が他人の養子となったこと等の事情により、同居しないこととなったこと
- 特別養子縁組の不成立、養子縁組里親への委託の措置の解除
- 労働者が負傷、疾病、身体上・精神上の障害により子が出生の日から起算して8週間を経過する日の翌日までの間、子を養育することができない状態になったこと

52　第1章　制度解説編

ここまでのまとめ

2　出生時育児休業

(1)　対象労働者

→・すべての労働者（日々雇用される者を除く）

・有期雇用労働者は子の出生の日（出産予定日前に出生した場合は出産予定日）から起算して8週間を経過する日の翌日から6ヵ月を経過する日までに労働契約が満了することが明らかでない者に限る

・労使協定により次の労働者を対象外とすることが可能

①　引き続き雇用された期間が1年未満の者

②　出生時育児休業申出があった日から起算して8週間以内に雇用関係が終了することが明らかな者

③　1週間の所定労働日数が2日以下の者

(2)　対象期間と休業期間

→・出生時育児休業の対象となる期間（対象期間）は、原則として子の出生の日から起算して8週間を経過する日の翌日まで

・休業可能な期間（休業期間）は、対象期間内の4週間（28日以内）以内の期間

(3)　休業の回数

→分割して2回まで取得することが可能

Ⅱ　子育てに関する制度　53

(4) 事業主の義務

→出生時育児休業の申出を拒むことはできないが、
1回の申出後に、新たにもう1回申出がなされた
ときは、その申出は拒むことができる

(5) 申出期限

→・原則として2週間前まで。

・労使協定を締結して一定の措置を講じた場合
は、2週間超1ヵ月以内の期間を申出期限とす
ることが可能

(6) 休業中の就業

→労使協定の締結を前提として、一定の範囲内で就
業することが可能

(7) 出生時育児休業の終了

→子の死亡等子を養育しないこととなった場合や休
業期間中に新たな産前産後休業等が始まった場合
等一定の場合には、労働者の意思にかかわらず終
了

(8) 不利益取扱いの禁止

→出生時育児休業の申出をしたことや休業中の就業
を希望する旨の申出をしなかったこと等を理由と
する不利益な取扱いは禁止

(9) 出生時育児休業期間の変更（繰上げ・繰下げ・撤回
等）

→・繰上げ・繰下げ・撤回は原則として育児休業と
同じルール

・休業終了予定日の繰下げの申出は2週間前まで

3　子育て中の就業に関する制度

　育児・介護休業法では、育児休業以外にも、子育てをしながら働く労働者が利用できる休暇や労働時間の短縮措置等、様々な制度があります。それぞれの制度の内容について見ていきましょう。

CONTENTS

3　子育て中の就業に関する制度
- (1)　子の看護休暇
- (2)　所定外労働の制限
- (3)　時間外労働の制限
- (4)　深夜業の制限
- (5)　所定労働時間の短縮措置（育児短時間勤務）

解　説

(1)　子の看護休暇

> 育介法16条の2、16条の3、育介則32条、34条、36条

　子の看護休暇★は、負傷し、または疾病にかかった子の世話および子の予防接種または健康診断★のために取得できる休暇です。

★　改正により、休暇の名称が変更されたほか、取得事由が拡大されました（2025年4月1日施行）。第2章135ページ参照

①　子の看護休暇の対象労働者

　子の看護休暇の対象労働者は、原則として<u>小学校就学の始期に</u>

Ⅱ　子育てに関する制度　55

達するまでの子★を養育するすべての労働者（日々雇用される者を除く）です。対象労働者から子の看護休暇の取得の申出があった場合、事業主は申出を拒否することはできません。ただし例外として、労使協定の締結により、以下の労働者は対象外とすることができます。

★ 改正により、対象となる子の範囲が拡大されました（2025年4月1日施行）。第2章135ページ参照

〈労使協定により子の看護休暇の対象外とすることが可能な労働者〉
- 事業主に引き続き雇用された期間が6ヵ月未満の者★
- 週の所定労働日数が2日以下の者
- 時間単位で休暇を取得することが困難と認められる業務に従事する者（時間単位の取得のみ対象外とするもの。後述57ページ参照）

★ 改正により、「事業主に引き続き雇用された期間が6ヵ月未満」の要件は廃止されました（2025年4月1日施行）。第2章136ページ参照

② 子の看護休暇の日数

対象労働者は、1年度に5労働日（子が2人以上の場合は10労働日）を限度として子の看護休暇を取得することができます。この「1年度」とは、事業主が就業規則等で別の定めをしない限りは、4月1日から3月31日までの1年度です。なお、子の看護休暇を取得した日については、賃金の支払義務はないため、無給と

して差し支えありません。

③　時間単位の取得

　子の看護休暇の取得は、「日単位」または「時間単位」で取得することとされています。従来、「日単位」または「半日単位」で取得することとされていましたが、育児・介護休業法施行規則の改正により、時間単位で取得することが可能となり、より柔軟に利用することができるようになりました（2021年1月1日施行）。時間単位の取得の概要は以下のとおりです。

㈤　時間単位の取得の対象労働者

　時間単位の休暇の対象労働者は、原則として日単位での子の看護休暇の対象労働者と同じです。ただし、業務の性質もしくは実施体制に照らして、時間単位で取得することが困難な業務に従事する労働者は、労使協定を締結することにより時間単位の取得の対象外とすることが可能です。「時間単位で取得することが困難な業務」について法令による定めはありませんが、育介指針では、「国際線の客室乗務員」「長時間の移動を要する業務」「流れ作業法方式や交代制勤務」等の業務が例示されています。

㈥　時間単位の取得における「時間」

　時間単位の取得における「時間」とは1時間の整数倍の時間をいい、労働者の希望する時間数で取得できるようにすることが必要です。したがって、取得する単位を「2時間単位」のみの取得しか認めないとすることは適切でないとされています。

　また、時間単位の取得は、始業の時刻から連続し、または終業の時刻まで連続するものとされており、所定の就業時間の途中で取得する、いわゆる「中抜け」は想定されていません（図表1-16）。ただし、前掲育介指針では、労働者の勤務状況や家族の状

況に応じて「中抜け」の取得を認めるなどの配慮をすることを事業主に求めています。

●図表1-16　子の看護休暇の時間単位の取得

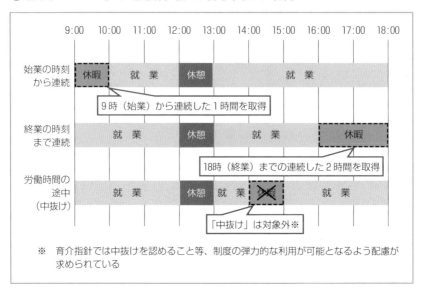

(ハ)　時間単位で取得する場合の「1日分」の時間数

時間単位で取得する場合、何時間分を「1日分」とするかについては、各労働者の「所定労働時間数」とされており、所定労働時間数に1時間に満たない端数がある場合は、端数を1時間に切り上げた時間数となります。例えば、所定労働時間が7時間30分である労働者の場合は、8時間の取得で1日分となります。

なお、所定労働時間が日によって異なる場合は、1年間における1日平均所定労働時間数となります。ただし、1年間の総所定労働時間数が決まっていないために年間の平均所定労働時間数が算出できない場合は、所定労働時間が決まっている期間における

１日平均所定労働時間となります。また、変形労働時間制を採用している場合は、変形期間における１日平均所定労働時間数が１日分の時間数となります。

　なお、短時間勤務制度を利用するなど年度の途中で所定労働時間が変更になる場合の残日数と残時間数の考え方は、以下のとおりです。

　例えば、所定労働時間が８時間で、すでに３日と４時間分の子の看護休暇（残りは１日と４時間分）を取得している労働者が、所定労働時間５時間の短時間勤務になった場合、残り１日についての「１日分の時間数」は変更後の所定労働時間数である５時間分となります。一方、日単位に満たない時間数については所定労働時間数の変更に比例して変更されます。このケースの場合、日単位に満たない４時間に対して、５（時間）／８（時間）を乗じることによって変更後の時間数を計算します。なお、計算の結果、１時間に満たない端数は切り上げますので、以下の計算のとおり、所定労働時間変更後の日単位に満たない時間数は３時間となります。

４時間×５／８＝２時間30分➡3時間（端数切上げ）

㈡　改正前の「半日単位」の休暇の取扱い

　育児・介護休業法施行規則の改正（2021年１月１日施行）により、時間単位での取得が可能とされたことから、改正後は半日単位の取得を可能とする必要はありませんが、各企業の任意で、これまでどおり半日単位の取得を認めることとしても差し支えありません。ただし、その場合は、休暇１日分をすべて時間単位で取

得する場合と比べて、労働者にとって不利益な制度や運用にならないようにしなければなりません。

例えば、1日の所定労働時間が8時間で、労使協定により半日を「午前の3時間」と「午後の5時間」としている場合で、午前の3時間を2回取得（合計6時間）すると「1日」取得したものとして扱うような運用は、時間単位の1日分（8時間分）と比較して2時間分少なくなってしまうため、適切でないとされています。なお、前述のとおり、労使協定等により時間単位の取得の対象外とされた労働者であっても、半日単位であれば取得させることが可能な場合もあることから、半日単位の取得を認める等の配慮が求められています。

㈱ 子の看護休暇の請求

子の看護休暇には申出期限について法律に定めはありません。この点について育介施行通達では、子の看護休暇は、子が負傷・疾病したその日に親である労働者に休暇の権利を補償する制度であるため、休暇の申出が取得当日にあったとしても、拒むことはできないとしています。

(2) 所定外労働の制限

育介法16条の8、育介則44条、46条、47条

所定外労働の制限とは、3歳に満たない子★を養育する労働者から請求があった場合、所定労働時間を超える時間の労働（いわゆる残業）をさせないこととする制度です。

★ 改正により、対象となる子の範囲が拡大されました（2025年4月1日施行）。第2章136ページ参照

60 第1章 制度解説編

① 所定外労働の制限の対象労働者

　所定外労働の制限の対象となるのは、原則として<u>3歳に満たない子</u>★を養育するすべての労働者（日々雇用される者を除く）です。例外として、労使協定の締結により、以下の労働者は対象外とすることができます。

★　改正により、対象となる子の範囲が拡大されました（2025年4月1日施行）。第2章136ページ参照

〈労使協定により所定外労働の制限の対象外とすることが可能な労働者〉
- 事業主に引き続き雇用された期間が1年未満の者
- 週の所定労働日数が2日以下の者

　対象労働者から所定外労働制限の請求があった場合、事業の正常な運営を妨げる場合を除き、事業主は請求を拒否することはできません。ここでいう、「事業の正常な運営を妨げる場合」とは、代行者を配置する等、事業主が相当な努力をしても事業運営に必要な体制を維持することが困難な場合に限られますので、単に「繁忙期である」といった理由で拒否することは認められません。

　なお、労基法41条に規定されている労働者（㈠農水産等従事者、㈡管理監督者等、㈢監視または断続労働従事者）および41条の2に規定されている高度プロフェッショナル制度の適用者については、労働時間等に関する規定が適用除外とされているため、所定外労働の制限の対象外です。このうち、管理監督者については、部長、工場長等労働条件の決定その他労務管理について経営

Ⅱ　子育てに関する制度　61

者と一体的な立場にある者とされており、必ずしもいわゆる管理職＝管理監督者とは限りません。労基法41条2号に定める管理監督者に該当しない管理職については、所定外労働の制限が適用されるため、注意が必要です。

② 所定外労働の制限の期間

　所定外労働の制限が適用される期間は、<u>子が3歳に達するまでの間</u>★で、労働者が請求した期間です。なお、この期間は時間外労働の制限（後述。64ページ参照）期間と<u>重複しないようにしなければなりません</u>。

★　改正により、対象となる子の範囲が拡大されました（2025年4月1日施行）。第2章136ページ参照

③ 所定外労働の制限の請求・回数

　所定外労働の制限の適用を受けようとする労働者は、制限開始を予定する日の<u>1ヵ月前まで</u>に、開始する日と終了する日を明らかにして事業主に請求する必要があります。請求できる期間は1回につき、<u>1ヵ月以上1年以内の期間</u>とされています。請求の回数の制限はありませんので、1つの制限期間が終了した後に引き続き制限の請求をすることや、制限期間終了後に一定期間を空けて、再度の請求をすることも可能です。

④ 所定外労働の制限が請求されなかったものとみなされる場合

　所定外労働の制限の請求後、制限開始を予定する日の前日までに子の死亡等、子を養育しないこととなる一定の事由が生じた場

合は、所定外労働の制限の請求自体がされなかったものとみなされます。

〈所定外労働の制限の請求がされなかったものとみなされる場合〉

- 子の死亡
- 養子である子の離縁または養子縁組の取消し
- 子が他人の養子となったこと等の事情により、同居しないこととなったこと
- 特別養子縁組の不成立、養子縁組里親への委託の措置の解除
- 労働者が負傷、疾病、身体上・精神上の障害により、制限期間の末日までの間、子を養育することができない状態になったこと

---

⑤ 所定外労働の制限期間の終了

所定外労働の制限は、労働者の意思にかかわらず、次のいずれかの事情が生じた場合は終了します。

〈労働者の意思にかかわらず所定外労働の制限期間が終了する場合〉

- 子を養育しないこととなった次のいずれかの事由が生じたとき
  →事情が生じた日に終了
  (イ) 子の死亡

Ⅱ 子育てに関する制度　63

㈛　養子である子の離縁または養子縁組の取消し

㈜　子が他人の養子となったこと等の事情により、同居しないこととなったこと

㈞　特別養子縁組の不成立、養子縁組里親への委託の措置の解除

㈠　労働者が負傷、疾病、身体上・精神上の障害により、制限期間の末日までの間、子を養育することができない状態になったこと

・子が3歳★に達したとき
　→3歳★に達した日で終了

・制限期間中に新たな産前産後休業、介護休業、育児休業、出生時育児休業が始まったとき
　→新たな産前産後休業等が始まった日の前日で終了

★　改正により、対象となる子の範囲が拡大されました（2025年4月1日施行）。第2章136ページ参照

(3)　時間外労働の制限

育介法17条、育介則52条、54条、55条

　時間外労働の制限は、小学校就学始期に達するまでの子を養育する労働者から請求があった場合、法定労働時間を超える時間外労働を一定の時間内に制限する制度です。

①　時間外労働の制限の対象労働者

　時間外労働の制限の対象となるのは、原則として小学校就学始期に達するまでの子（未就学児）を養育するすべての労働者で

す。ただし、以下の労働者は時間外労働の制限の請求はできません。

〈時間外労働の制限の対象外とされる労働者〉
• 事業主に引き続き雇用された期間が１年未満の者
• 週の所定労働日数が２日以下の者

　対象労働者から時間外労働制限の請求があった場合、事業の正常な運営を妨げる場合を除き、事業主は請求を拒否することはできません。ここでいう、「事業の正常な運営を妨げる場合」の考え方は、所定外労働の制限の場合と同じです。したがって、代行者を配置する等の努力をせず、単に「繁忙期である」といった理由のみで拒否することは認められません。

　また、労基法41条に規定されている労働者（(イ)農水産等従事者、(ロ)管理監督者等、(ハ)監視または断続労働従事者）および41条の２に規定されている高度プロフェッショナル制度の適用者については、労働時間等に関する規定が適用除外とされているため、時間外労働の制限の対象外です。このうち、管理監督者については、部長、工場長等労働条件の決定その他労務管理について経営者と一体的な立場にある者とされており、必ずしも管理職が管理監督者に該当するとは限らないため、制度の適用に当たっては注意が必要です。

②　時間外労働の制限の期間

　時間外労働の制限が適用される期間は、子が小学校就学始期に達するまでの間で、労働者が請求した期間です。なお、この期間

Ⅱ　子育てに関する制度　65

は所定外労働の制限（3(2)「②　所定外労働の制限の期間」。62ページ参照）期間と重複しないようにしなければなりません。

③　時間外労働の制限時間

　時間外労働の制限の請求があった場合、事業主は、請求のあった労働者の時間外労働を、<u>1ヵ月について24時間、1年について150時間以内</u>とする必要があります。ここでいう「時間外労働」とはあくまで労基法上の法定労働時間（通常の労働時間制度の場合は1日8時間、週40時間）を超える労働時間です。例えば、所定労働時間が7時間の会社において1時間残業させたとしても、法定労働時間の枠内におさまっていますので、時間外労働の時間数とはなりません。変形労働時間制やフレックスタイム制を採用している場合は、各制度における法定労働時間を超える時間のみが対象です。なお、時間外労働・休日労働に関する協定（36協定）において、時間外労働をさせることができる時間について1ヵ月24時間、1年150時間より短い時間を定めている場合は、時間外労働はその時間数以内とする必要があります。

④　時間外労働の制限の請求・回数

　時間外労働の制限の適用を受けようとする労働者は、制限開始を予定する日の<u>1ヵ月前まで</u>に、開始する日と終了する日を明らかにして事業主に請求する必要があります。請求できる期間は<u>1回につき、1ヵ月以上1年以内の期間</u>とされています。請求の回数の制限はありませんので、1つの制限期間が終了した後に引き続き制限の請求をすることや、制限期間終了後に一定期間を空けて、再度の請求をすることも可能です。この点は、所定外労働の制限と同じです。

⑤ 時間外労働の制限期間に１ヵ月、１年に満たない期間がある場合

　前述のとおり、制限期間中は、時間外労働を１ヵ月24時間以内かつ１年150時間以内とする必要があります。この場合、制限開始日から１ヵ月ごとに区切った期間の時間外労働を24時間以内とするわけですが、１ヵ月ごとに区切った結果、最後の期間が１ヵ月に満たない場合は、その期間内で24時間以内となります。また、労働者が請求した制限期間が１年に満たない場合は、当該制限期間内で150時間以内となります。

⑥ 時間外労働の制限が請求されなかったものとみなされる場合

　時間外労働の制限の請求後、制限開始を予定する日の前日までに子の死亡等、子を養育しないこととなる一定の事由が生じた場合は、時間外労働の制限の請求自体がされなかったものとみなされます。

〈時間外労働の制限の請求がされなかったものとみなされる場合〉

- 子の死亡
- 養子である子の離縁または養子縁組の取消し
- 子が他人の養子となったこと等の事情により、同居しないこととなったこと
- 特別養子縁組の不成立、養子縁組里親への委託の措置の解除
- 労働者が負傷、疾病、身体上・精神上の障害により、制限

Ⅱ　子育てに関する制度　67

期間の末日までの間、子を養育することができない状態に
なったこと

⑦　時間外労働の制限期間の終了

　時間外労働の制限は、労働者の意思にかかわらず、次のいずれ
かの事情が生じた場合は終了します。

〈労働者の意思にかかわらず時間外労働の制限期間が終了する場合〉
- 子を養育しないこととなった次のいずれかの事由が生じたとき
  →事情が生じた日に終了
  (イ)　子の死亡
  (ロ)　養子である子の離縁または養子縁組の取消し
  (ハ)　子が他人の養子となったこと等の事情により、同居しないこととなったこと
  (ニ)　特別養子縁組の不成立、養子縁組里親への委託の措置の解除
  (ホ)　労働者が負傷、疾病、身体上・精神上の障害により、制限期間の末日までの間、子を養育することができない状態になったこと
- 子が小学校就学の始期に達したとき
  →子が小学校就学の始期に達した日で終了
- 制限期間中に新たな産前産後休業、介護休業、育児休業、出生時育児休業が始まったとき
  →新たな産前産後休業等が始まった日の前日で終了

68　第1章　制度解説編

(4) 深夜業の制限

育介法19条、育介則60条、61条、63条、64条

深夜業の制限は、小学校就学始期に達するまでの子を養育する労働者から請求があった場合、深夜業（午後10時〜午前５時の間の労働）をさせないこととする制度です。

① 深夜業の制限の対象労働者

深夜業の制限の対象となるのは、小学校就学始期に達するまでの子を養育する労働者（日々雇用される者を除く）です。ただし、以下の労働者は深夜業の制限の請求はできません。

〈深夜業の制限の請求ができない労働者〉
- 事業主に引き続き雇用された期間が１年未満の者
- 常態として深夜に子を保育できる、次のいずれかに該当する16歳以上の同居の家族がいる者
  - ㋑ 深夜に就業していない（深夜の就業日数が１ヵ月３日以下の者を含む）。
  - ㋺ 負傷、疾病、身体上・精神上の障害により、子を保育することが困難な状態でない。
  - ㋩ ６週間（多胎妊娠の場合は14週間）以内に出産予定であるか、または産後８週間を経過しない者でない。
- １週間の所定労働日数が２日以下の者
- 所定労働時間の全部が深夜にある者

対象労働者から深夜業の制限の請求があった場合、事業の正常な運営を妨げる場合を除き、事業主は請求を拒否することはでき

ません。ここでいう、「事業の正常な運営を妨げる場合」の考え
方は、所定外労働の制限および時間外労働の制限の場合と同じで
す。したがって、代行者を配置する等の努力をせず、単に「繁忙
期である」といった理由のみで拒否することは認められません。

② 深夜業の制限の期間

　深夜業の制限が適用される期間は、子が小学校就学始期に達するまでの間で、労働者が請求した期間です。

③ 深夜業の制限の請求・回数

　深夜業の制限の適用を受けようとする労働者は、制限開始を予定する日の1ヵ月前までに、開始する日と終了する日を明らかにして事業主に請求する必要があります。請求できる期間は1回につき、1ヵ月以上6ヵ月以内の期間とされています。請求の回数の制限はありませんので、1つの制限期間が終了した後に引き続き制限の請求をすることや、制限期間終了後に一定期間を空けて、再度の請求をすることも可能です。

④ 深夜業の制限が請求されなかったものとみなされる場合

　深夜業の制限の請求後、制限開始を予定する日の前日までに子の死亡等、子を養育しないこととなる一定の事由が生じた場合は、深夜業の制限の請求自体がされなかったものとみなされます。

〈深夜業の制限の請求がされなかったものとみなされる場合〉
- 子の死亡

- 養子である子の離縁または養子縁組の取消し
- 子が他人の養子となったこと等の事情により、同居しないこととなったこと
- 特別養子縁組の不成立、養子縁組里親への委託の措置の解除
- 労働者が負傷、疾病、身体上・精神上の障害により、制限期間の末日までの間、子を養育することができない状態になったこと

⑤　深夜業の制限期間の終了

　深夜業の制限は、労働者の意思にかかわらず、次のいずれかの事情が生じた場合は終了します。

〈労働者の意思にかかわらず深夜業の制限期間が終了する場合〉
- 子を養育しないこととなった次のいずれかの事由が生じたとき
  →事情が生じた日に終了
  (イ)　子の死亡
  (ロ)　養子である子の離縁または養子縁組の取消し
  (ハ)　子が他人の養子となったこと等の事情により、同居しないこととなったこと
  (ニ)　特別養子縁組の不成立、養子縁組里親への委託の措置の解除
  (ホ)　労働者が負傷、疾病、身体上・精神上の障害により、

Ⅱ　子育てに関する制度　71

制限期間の末日までの間、子を養育することができない
状態になったこと
- 子が小学校就学始期に達したとき
  →子が小学校就学始期に達した日で終了
- 制限期間中に新たな産前産後休業、介護休業、育児休業、
  出生時育児休業が始まったとき
  →新たな産前産後休業等が始まった日の前日で終了

(5) 所定労働時間の短縮措置（育児短時間勤務）

育介法23条、育介則72条、73条、74条

所定労働時間の短縮措置とは、通常の所定労働時間より短い時間で働くことができる短時間勤務制度をいいます。事業主は、3歳に満たない子を養育する労働者で育児休業をしていない者に対し、短時間勤務制度の措置を講じなければなりません。

① 育児短時間勤務の対象労働者

育児短時間勤務は、3歳に満たない子を養育する労働者（日々雇用される者を除く）が対象です。ただし、以下の労働者は制度の対象外です。

〈育児短時間勤務の対象外となる労働者〉
- 1日の所定労働時間が6時間以下の者
- 労使協定により対象外とした以下の者
  - (イ) 事業主に引き続き雇用された期間が1年未満の者
  - (ロ) 1週間の所定労働日数が2日以下の者

---

72 第1章 制度解説編

> (ハ) 業務の性質または実施体制に照らして、育児短時間勤
> 務の制度を適用することが困難と認められる業務に従事
> する者

　上記(ハ)の「業務の性質または実施体制に照らして育児短時間勤務の制度を適用することが困難と認められる業務」について法令による定めはありませんが、育介指針には、ⓐ国際線の客室乗務員、ⓑ労働者数が少ない事業所において、その業務に従事できる労働者数が著しく少ない業務、ⓒ流れ作業方式または交替制勤務による製造業務で短時間勤務者を勤務体制に組み込むことが困難な業務、ⓓ個人ごとに担当する企業、地域等が厳密に分担されていて、他の労働者では代替が困難な営業業務が例示されています。

　また、労基法41条に規定されている労働者（ⓐ農水産等従事者、ⓑ管理監督者等、ⓒ監視または断続労働従事者）および41条の2に規定されている高度プロフェッショナル制度の適用者については、労働時間等に関する規定が適用除外とされているため、短時間勤務の制度の適用対象外です。このうち、管理監督者については、部長、工場長等労働条件の決定その他労務管理について経営者と一体的な立場にある者とされており、必ずしも管理職が管理監督者に該当するとは限らないため、制度の適用に当たっては注意が必要です。

② 育児短時間勤務の時間

　育児短時間勤務の制度は、<u>1日の所定労働時間を6時間とする</u>措置を含むものとしなければなりません。この場合、短縮後の所

定労働時間について５時間45分から６時間までとすることは許容
されます。これは、所定労働時間が７時間45分の事業所が短縮後
の所定労働時間を５時間45分とすることなどを考慮したもので
す。

　１日の所定労働時間を６時間とする措置を講じた上で、他の所
定労働時間（例：５時間、７時間など）を労働者が選択できるよ
うにすることや、所定労働日数を短縮する措置を併せて講じるこ
とは差し支えありません。

③　育児短時間勤務の申請手続き

　育児短時間勤務の手続きについては、法令に定めがありません
ので、事業主が定めることが可能です。例えば、申出の期限や適
用期間について、育児休業等に準じた制度とすることが考えられ
ます。

④　他の制度との併用

　育児短時間勤務は、所定外労働の制限（60ページ参照）との併
用が可能です。また、１歳に満たない子を育てる労働者が１日２
回、各30分（合計１時間）以上の子育てのための時間を請求でき
る育児時間（12ページ参照）については、育児短時間勤務が適用
されている場合であっても請求することができます。例えば、育
児短時間勤務の所定労働時間が６時間である場合で、育児時間を
１時間請求したときは、当該労働者が労働する時間は５時間にな
るわけです。

⑤　代替措置

　事業主は、業務の性質または実施体制に照らして、育児短時間

74　第１章　制度解説編

勤務の制度を適用することが困難であるとして労使協定で育児短時間勤務の対象外とされた労働者に対し、次のいずれかの措置を講じる必要があります。

〈代替措置〉★
- フレックスタイム制（労基法32条の３）
- 始業または終業の時刻を繰り上げまたは繰り下げる制度（時差出勤の制度）
- 労働者の３歳に満たない子にかかる保育施設の設置運営その他これに準ずる便宜の供与（ベビーシッターの手配等）を行うこと

★　改正により、代替措置に「在宅勤務等」が追加されました（2025年４月１日施行）。第２章138ページ参照

ここまでのまとめ

2　子育て中の就業に関する制度
(1)　子の看護休暇★
→小学校就学の始期に達するまで★の子を養育する労働者が、１年に５労働日まで（当該子が２人以上の場合は10労働日まで）、負傷し、または疾病にかかった子の看護のため、または子に予防接種・健康診断を受けさせるため★に取得できる休

暇

★ 2025年4月1日以降、休暇の名称が変更されるほか、対象となる子の範囲および取得事由が拡大されます。

(2) 所定外労働の制限
　　→3歳★に満たない子を養育する労働者が請求した場合、所定労働時間を超える労働をさせない制度

★ 2025年4月1日以降、対象となる子の範囲が拡大されます。

(3) 時間外労働の制限
　　→小学校就学始期に達するまでの子を養育する労働者が請求した場合、制限時間（1ヵ月24時間、1年150時間）を超えて法定労働時間を超える労働をさせない制度

(4) 深夜業の制限
　　→小学校就学始期に達するまでの子を養育する労働者が請求した場合、深夜（午後10時〜午前5時）に労働をさせない制度

(5) 所定労働時間の短縮措置（育児短時間勤務）
　　→3歳に満たない子を養育する労働者に対して1日の所定労働時間を原則として6時間とする措置を含む短時間勤務の措置を講ずる義務

ここまで、Ⅰで妊娠・出産に関する制度、Ⅱで子育てに関する制度に関して見てきました。これらについて、改正法を踏まえた一覧表を、**第4章**に掲載していますので、併せて参照してください。

Ⅲ その他の事業主が 講ずべき措置等

　これまで、Ⅰで妊娠・出産に関する制度、Ⅱで子育てに関する制度の概要について解説してきました。今まで見てきたように、事業主には妊娠・出産、子育てをする労働者のために、様々な措置を講じることが義務付けられていますが、それ以外にも、妊娠・出産等の申出があった場合の個別周知・意向確認や育児休業を取得しやすい雇用環境の整備、妊娠・出産、育児休業等に関するハラスメント防止など、様々な措置を講じる義務があります。以下、詳しく見ていきます。

CONTENTS

【その他の事業主が講ずべき措置等】

1　育児・介護休業法に定める制度の周知義務等
　(1)　妊娠・出産等の申出をした労働者に対する個別周知・意向確認
　(2)　育児休業を取得しやすい雇用環境の整備
2　育児休業の取得状況の公表
3　妊娠・出産、育児休業等に関するハラスメント防止措置等
　(1)　妊娠・出産、育児休業等に関するハラスメントとは
　(2)　事業主が講ずべき防止措置

78　第1章　制度解説編

> 4 妊娠・出産、育児休業等を理由とする不利益な取扱いの
> 禁止
> 5 労働者の配置に関する配慮

1 育児・介護休業法に定める制度の周知義務等

　育児・介護休業法では、育児休業等の申出をしやすくするため、労働者から妊娠・出産等の申出があった際に育児休業に関する制度を個別に周知することや、育児休業を取得しやすい環境を整備するための措置を講じること等を事業主に義務付けています。

➡ 解 説 ≫

(1) 妊娠・出産の申出をした労働者に対する個別周知・意向確認

育介法21条1項・2項、育介則69条の2、69条の3、69条の4

　事業主は、労働者本人または配偶者の妊娠・出産等について労働者から申出があったときは、当該労働者に対して育児休業に関する制度等について知らせる（以下「個別周知」という）とともに、育児休業等の取得の意向を確認するための面談等の措置（以下「意向確認」という）を講じる必要があります★。また、この妊娠・出産等の申出をしたことを理由とした解雇その他不利益な取扱いは禁止されています。

Ⅲ　その他の事業主が講ずべき措置等　79

★ 改正により、個別周知・意向確認に加えて「意向聴取・配慮」が義務付けられました（2025年10月1日施行）。第2章145ページ参照

① 「妊娠・出産等についての申出」とは

妊娠・出産等の申出は、労働者または配偶者が妊娠・出産した事実のほか、次の事実の申出を含みます。

- 1歳未満の子について特別養子縁組前の監護をしていることまたは特別養子縁組を家庭裁判所に請求することを予定しており、当該請求にかかる1歳未満の子を監護する意思を明示したこと
- 養子縁組里親として1歳に満たない児童を委託されていることまたは当該児童を受託する意思を明示したこと
- 本来は「養子縁組里親」として委託すべきであるが、実親等の反対により養子縁組里親として委託できず、「養育里親」として1歳に満たない者を委託されていることまたは当該者を受託する意思を明示したこと

また、申出の方法については、書面での申出は義務付けられていないため、口頭での申出であっても個別周知・意向確認を実施する必要があります。なお、法令上、事業主が申出の事実を証明する書類を求めることができる旨の定めはないため、労働者に対し、申出の際の証明書類の提出を強制したり、証明書類の提出がないことをもって個別周知・意向確認を実施しないとすることはできません。

80　第1章　制度解説編

② 個別周知する内容

個別周知する内容は、次の事項とされています。

〈個別周知する内容〉

- 育児休業※に関する制度
- 育児休業※申出の申出先
- 雇用保険の育児休業給付（育児休業給付金および出生時育児休業給付金）★に関すること
- 労働者が育児休業※期間について負担すべき社会保険料の取扱い

※　出生時育児休業も含む

★　改正により、「出生後休業支援給付金」が追加されました（2025年4月1日施行）。第2章169ページ参照

なお、育介指針では、社会保険料の取扱いについて、出生時育児休業中に一定範囲内で就業する場合、就業日数によっては育児休業給付や社会保険料免除の要件を満たさなくなる可能性があることについて併せて説明するよう留意することとされています。

③ 個別周知および意向確認の方法

個別周知および意向確認の方法については、次のように定められています。

〈個別周知および意向確認の方法〉

- 面談（オンライン面談可、ただし音声のみは不可）による

Ⅲ　その他の事業主が講ずべき措置等　81

方法
- 書面を交付する方法
- ファクシミリを利用して送信する方法※
- 電子メール等の送信の方法（記録を出力するなどして書面を作成できるものに限り、LINE や Facebook 等の SNS メッセージ機能の利用を含む）※

※　労働者が希望した場合に限ります。

　意向確認については、面談等を行った際に、育児休業を取得するか否か、労働者本人の意向がその場では確認できないケースがあると考えられます。そのような場合に労働者の最終的な意向を把握する必要があるかについて、育介指針では、「意向確認のための働きかけを行えばよい」とされていますので、労働者の意向がはっきりとしない場合でも、取得の希望がある場合は申出をするよう、案内をすれば足りるものと考えられます。

④　実施時期
　個別周知・意向確認の実施時期について、育介施行通達では、希望の日から育児休業を円滑に取得できるよう、申出が出産予定日の1ヵ月半以上前に行われた場合は、1ヵ月前までには個別周知・意向確認を実施することが必要とされています。また、それ以降に申出が行われた場合でもできる限り早い時期に措置を行うべきとし、実施時期の目安について以下のとおり例示しています。

82　第1章　制度解説編

- 出産予定日の1ヵ月前
  〜2週間前の申出　　→1週間以内に実施
- 上記以降の申出　　　→できる限り速やかに実施

　なお、産前産後休業を取得する労働者の場合は、産前休業開始予定日前に実施することが望ましいとされています。

(2)　育児休業等を取得しやすい雇用環境の整備

育介法22条1項、育介則71条の2

　事業主は、育児休業を取得しやすい職場環境を整備し、育児休業の申出が円滑に行われるようにするため、以下の措置のいずれかを講じる必要があります。

〈雇用環境整備のための措置〉
- 育児休業にかかる研修の実施
- 育児休業に関する相談体制の整備（相談窓口の設置等）
- 雇用する労働者の育児休業の取得に関する事例の収集および当該事例の提供
- 雇用する労働者に対する育児休業に関する制度および育児休業の取得の促進に関する方針の周知

　これらの措置について、育介施行通達には以下のとおり具体的に実施する内容や方法、留意点等が定められています。

Ⅲ　その他の事業主が講ずべき措置等　83

- 「研修の実施」について

　　すべての労働者に対して実施することが望ましいとしつつ、少なくとも管理職は研修を受けた状態にすべきとされています。また、実施に当たっては、①定期的に実施する、②調査を行う等職場の実態を踏まえて実施する、③管理職層を中心に職階別に分けて実施する等の方法が効果的とされています。

- 「相談体制の整備」について

　　相談窓口の設置や相談対応者を置き、労働者に周知することであり、窓口を形式的に設けるだけでなく、実質的な対応が可能な窓口を設けることが必要とされています。

- 「育児休業の取得に関する事例の収集および当該事例の提供」について

　　具体的には、自社の育児休業の取得事例が掲載された書類の配付やイントラネットへの掲載等を行い、労働者が閲覧できるようにすることとされています。また、事例の提供に当たっては、原則として男女双方の事例を提供すること（いずれかの事例がない場合は除く）とし、特定の者の育児休業の申出を控えさせることにつながらないよう、提供する事例に性別や雇用形態等の偏りがないよう、配慮することとされています。

- 「育児休業に関する制度および育児休業の取得の促進に関する方針の周知」について

　　具体的には、育児休業に関する制度および取得の促進に関する事業主の方針を記載したものの配付や、事業所内またはイントラネットへ掲載等を行うこととされています。

なお、前述のとおり、法律上はいずれか１つの措置を実施すれば問題ありませんが、もちろん複数の措置を実施することとしても差し支えありません。この点について育介指針では、「可能な限り、複数の措置を行うことが望ましい」としています。

2　育児休業の取得状況の公表

　常時雇用する労働者の数が1,001人以上★の事業主は、毎年少なくとも１回、直前の事業年度（公表前事業年度）の育児休業の取得状況について、公表前事業年度終了後、おおむね３ヵ月以内に公表することが義務付けられています。公表する事項は図表１-17の①または②のいずれかです。

★　改正により、301人以上の企業に義務付けられました（2025年４月１日施行）。第２章137ページ参照

◉図表１-17　公表事項（①または②のいずれか）

①育児休業等の取得割合

$$\frac{育児休業等^{※1}をした男性労働者の数}{配偶者が出産した男性労働者の数}$$

②育児休業等と育児目的休暇制度の取得割合

$$\frac{育児休業等^{※1}をした男性労働者の数＋育児目的休暇制度^{※2}を利用した男性労働者の数}{配偶者が出産した男性労働者の数}$$

※１　育児休業、出生時育児休業のほか、育介法23条３項の育児短時間勤務の代替措置または同法24条１項の小学校就学前の子を育てる労働者に関する努力義務の規定に基づく育児休業制度に準ずる措置を含む
※２　小学校就学前の子の育児を目的とした休暇制度

Ⅲ　その他の事業主が講ずべき措置等　85

公表の方法は、自社のホームページまたは厚生労働省ウェブサイト「両立支援のひろば」への掲載等とされています（育介施行通達）。

3　妊娠・出産、育児休業等に関するハラスメント防止措置等

　均等法および育児・介護休業法により、事業主はハラスメントを防止するための一定の措置を講じることが義務付けられています。まずハラスメント防止措置等について見ていきましょう。

解　説

(1)　妊娠・出産、育児休業等に関するハラスメントとは
　　　　　　　　　　　　　マタハラ指針2、育介指針第2の14の(1)

　妊娠・出産、育児休業等に関するハラスメントとは、女性労働者が妊娠・出産したこと、または法律に定める妊娠・出産・育児・介護に関する制度等を請求または利用したことに関する上司または同僚の言動（解雇その他不利益な取扱いをしたり、嫌がらせ等をしたりすること）により、当該女性労働者の就業環境が害されることをいいます。妊娠・出産、育児休業等のハラスメントには「制度等の利用への嫌がらせ型」と、「状態への嫌がらせ型」の2つのタイプがあります。以下、それぞれ見ていきます。

①　制度等の利用への嫌がらせ型
㈜　制度等の利用への嫌がらせ型とは
　制度等の利用への嫌がらせ型とは、産前産後休業、育児・介護

86　第1章　制度解説編

休業等の法律に定める制度等の利用を相談したこと、利用を請求したこと、利用したことに関する言動により、労働者の就業環境が害されるものをいいます。ここでいう「制度等」は図表1-18の制度や措置を指します。

●図表1-18　ハラスメントの対象となる制度等

妊娠・出産等に関する制度	育介法等に関する制度
• 妊娠中および出産後の健康管理に関する措置（母性健康管理措置）【均等法12条、13条1項】 • 産前休業【労基法65条1項】 • 育児時間【労基法67条】 • 軽易な業務への転換【労基法65条3項】 • 時間外労働・休日労働・深夜業の制限【労基法66条】 • 坑内業務、危険有害業務の就業制限【労基法64条の2第1号、64条の3第1項】	• 育児休業【育介法5条ほか】 • 介護休業【育介法11条ほか】 • 子の看護休暇【育介法16条の2ほか】 • 介護休暇【育介法16条の5ほか】 • 所定外労働の制限【育介法16条の8、16条の9】 • 時間外労働の制限【育介法17条、18条】 • 深夜業の制限【育介法19条、20条】 • 育児のための所定労働時間の短縮措置（短時間勤務）【育介法23条1項】 • 始業時刻変更等の措置【育介法23条2項】 • 介護のための所定労働時間の短縮等の措置【育介法23条3項】

㈹　制度等の利用への嫌がらせ型のハラスメント行為の例

制度等の利用への嫌がらせ型のハラスメント行為には次のようなものがあります。

ⓐ　解雇その他不利益な取扱いを示唆するもの

労働者が、制度等の利用をしたい旨を上司に相談したことや利用の請求をしたこと、利用をしたことに対し、上司が労働者に解雇その他不利益な取扱いを示唆することをいい、例えば次のような言動が該当します。

Ⅲ　その他の事業主が講ずべき措置等　87

- 上司に産前休業の取得を相談したところ、「うちは忙しい職場だから、休業されても困る。子育てに専念したほうがあなたのため。退職を検討しては」と言われた。
- 上司に時間外労働の免除について相談したところ、「次の評価では昇進は厳しいと思ってくれ」と言われた。

ⓑ　制度等の利用の請求等または制度等の利用を阻害するもの

　上司や同僚が制度等の利用をしないように言うなど、労働者が制度等を利用することを阻害するような行為をいい、次のようなものが該当します

- 上司に育児休業の取得について相談したところ、「男のくせに育児休業をとるなんて何を考えているんだ。考え直せ」と言われた。
- 所定外労働の制限を申し出たところ、同僚から「この忙しい時期に自分だけ残業をしないというのは自分勝手だ。所定外労働の制限を取り下げるべきだ」と繰り返し言われた。

ⓒ　制度等の利用をしたことにより嫌がらせ等をするもの

　労働者が制度等の利用をしたことに対し、上司や同僚が繰り返しまたは継続的に嫌がらせ等をすることをいい、言動を受けた労働者の能力の発揮や継続就業に重大な悪影響が生じる等、就業する上で看過できない程度の支障が生じるようなものが該当します。「嫌がらせ等」には、嫌がらせ的な言動のほか、業務に従事させないことや、雑務ばかり指示する場合も含みます。

- 上司や同僚に「自分だけ短時間勤務をしているなんて周り
  を考えていない。迷惑だ」「自分だけ残業しないのは不公
  平だ」などと言われて、仕事が手につかなくなってしまっ
  た。

② 状態への嫌がらせ型
　㋑　状態への嫌がらせ型とは
　女性労働者が妊娠したこと、出産したこと等の状態に関する言
動により就業環境が害されるものをいいます。「状態」とは、具
体的には次のようなことをいいます。

- 妊娠したこと
- 出産したこと
- 産後の就業制限のため就業できず、または産後休業をした
  こと
- 妊娠または出産に起因する症状（つわり、妊娠悪阻、切迫
  流産、出産後の回復不全等）により労務の提供ができない
  こと（できなかったこと）、または労働能率が低下したこ
  と
- 坑内業務または危険有害業務の就業制限により業務に就く
  ことができないこと、またはこれらの業務に従事しなかっ
  たこと

　㋺　状態への嫌がらせ型のハラスメント行為の例
　状態への嫌がらせ型のハラスメント行為には、次のようなもの
があります。

Ⅲ　その他の事業主が講ずべき措置等　89

ⓐ　解雇その他不利益な取扱いを示唆するもの

- 上司に妊娠を報告したところ、「出産したらこれまでどおりには働けないだろうから、他の人を雇用するので早めに退職してほしい」と言われた。
- 入社から何度も契約更新を重ねているが、上司に「つわりで何日も休まれては業務が回らないので、今度の契約更新はできない」と言われた。

ⓑ　妊娠等したことにより嫌がらせ等をするもの

- 上司や同僚が「妊婦はいつ休むかわからないから仕事は任せられない」と繰り返しまたは継続的に言い、仕事をさせない状況となっている。
- 上司・同僚に「妊娠するなら忙しい時期を避けるべきだった」と繰り返しまたは継続的に言われ、業務に支障が生じている。

ⓒ　ハラスメントに該当しないケース

　業務分担や安全配慮等の観点から、客観的に見て、業務上の必要性に基づく言動によるものはハラスメントには該当しません。このため、例えば、妊婦健診のようなある程度調整が可能なものについて、その時期を調整することが可能か否か労働者の意向を確認することは、必ずしもハラスメントには該当しません。一方、繁忙日だからといって、一方的に休業しないように言う行為はハラスメントに該当する可能性があります。また、妊婦に通常どおり勤務を続けたい希望があっても、客観的にみて本人の体調

90　第1章　制度解説編

が悪いような場合に、「休んだほうがいいのではないか」と配慮することも、安全配慮の観点等から必要な言動であり、ハラスメントには該当しません。

(2) 事業主が講ずべき防止措置

> 均等法11条の３、育介法25条１項、マタハラ指針４、
> 育介指針第２の14の⑶

　均等法および育児・介護休業法により、事業主は、妊娠・出産、育児休業等を理由とするハラスメントを防止するため、次の雇用管理上の措置を講じる必要があります。なお、これらの措置は、パワーハラスメントおよびセクシュアルハラスメントに関して事業主が講ずべき雇用管理上の措置とほぼ同様の内容ですが、④については妊娠・出産、育児休業等に関するハラスメント特有の措置となっています。

---

① **事業主の方針の明確化およびその周知・啓発**
- 事業主が次の事項について明確化し、管理監督者を含む労働者に周知・啓発すること。
 ㈤ハラスメントの内容、㈪妊娠・出産、育児休業等に関する否定的な言動がハラスメントの原因や背景となり得ること、㈥ハラスメントを行ってはならない旨の方針、㈦制度等の利用ができること
- 行為者について、厳正に対処する旨の方針・対処の内容を就業規則等の文書に規定し、管理監督者を含む労働者に周知・啓発すること
② **相談に応じ、適切に対応するために必要な体制の整備**
- 相談窓口をあらかじめ定め、労働者に周知すること

Ⅲ　その他の事業主が講ずべき措置等　91

- 相談窓口担当者が相談内容や状況に応じ、適切に対応できるようにすること

③　職場におけるハラスメントにかかる事後の迅速かつ適切な対応

- 事実関係を迅速かつ正確に確認すること
- 速やかに被害者に対する配慮のための措置を適正に行うこと（事実確認ができた場合）
- 行為者に対する措置を適正に行うこと（事実確認ができた場合）
- 再発防止に向けた措置を講ずること

④　ハラスメントの原因や背景となる要因を解消するための措置

　業務体制の整備など、事業主や妊娠等した労働者その他の労働者の実情に応じ、必要な措置を講じること（業務分担の見直しや業務の効率化など）

⑤　その他併せて講ずべき措置

- 相談者・行為者等のプライバシーを保護するために必要な措置を講じ、その旨労働者に周知すること
- 相談したことや事実関係の確認に協力したこと等を理由として解雇その他不利益な取扱いをされない旨を定め、労働者に周知・啓発すること

4 妊娠・出産、育児休業等を理由とする不利益な取扱いの禁止

均等法9条3項、育介法10条ほか

労働者が妊娠・出産したこと等の事由または法律に定める妊娠・出産・育児・介護の制度利用を申し出たり、取得したりしたことを理由とする解雇その他不利益な取扱いは均等法および育児・介護休業法により禁止されているため注意が必要です。以下、詳しく見ていきます。

解　説

(1) 「妊娠・出産、育児休業等」とは

「妊娠・出産、育児休業等を理由とする」とは、具体的には次の事由を指します。

◉図表1-19　妊娠・出産、育児休業等に関する事由

妊娠・出産等に関する事由（均等則2条の2）
• 妊娠したこと • 出産したこと • 母性健康管理措置を求め、または措置を受けたこと • 妊産婦の危険有害業務等の就業制限の規定により業務に就くことができないこともしくはこれらの業務に従事しなかったことまたは就業制限の業務に従事しない旨の申出をし、もしくは業務に従事しなかったこと • 産前休業を請求しもしくは産前休業をしたこと、または産後の就業制限の規定により就業できずもしくは産後休業をしたこと • 軽易な業務への転換を請求し、または軽易な業務に転換したこと • 時間外労働・休日労働・深夜業の制限の請求をし、またはこれらの労働をしなかったこと • 育児時間の請求をし、または育児時間を取得したこと

III　その他の事業主が講ずべき措置等　93

- 妊娠・出産に起因する症状（つわり、妊娠悪阻、切迫流産、出産後の回復不全等）により労務の提供ができないこともしくはできなかったこと、または労働能率が低下したこと

育児休業等に関する事由（育介法10条ほか）

- 下記の制度の申出等をしたことや、取得等をしたこと
  育児休業
  介護休業
  子の看護休暇
  介護休暇
  所定外労働の制限
  時間外労働の制限
  深夜業の制限
  所定労働時間の短縮措置
  始業時刻変更等の措置

(2) 不利益な取扱いの例

性差別禁止指針第4の3(2)、育介指針第2の11の(2)

妊娠・出産、育児休業等を理由とすることが禁止される「解雇その他不利益な取扱い」については、典型的な例として次のようなものが指針に例示されています。

〈妊娠・出産、育児休業等を理由とした解雇その他不利益取扱いの例〉

- 解雇すること
- 期間を定めて雇用される者について、契約の更新をしないこと
- あらかじめ契約の更新回数の上限が示されている場合に、当該回数を引き下げること
- 退職または正社員をパートタイム労働者等の非正規社員とするような労働契約内容の変更の強要を行うこと
- 降格させること

94　第1章　制度解説編

- 就業環境を害すること（業務に従事させない、もっぱら雑務に従事させることを含む）
- 不利益な自宅待機を命じること
- 労働者が希望する期間を超えて、その意に反して所定外労働の制限、時間外労働の制限、深夜業の制限または所定労働時間の短縮措置等を適用すること
- 減給をし、または賞与等において不利益な算定を行うこと
- 昇進・昇格の人事考課において不利益な評価を行うこと
- 不利益な配置の変更を行うこと
- 派遣労働者について、派遣先が役務の提供を拒むこと

(3) 妊娠・出産、育児休業等を「理由とする」の意味
性差別禁止指針第4の3、育介指針第2の11の(1)

　これまで見てきたように、解雇その他不利益な取扱いについては、妊娠・出産、育児休業等を理由とすることが禁止されているわけですが、この「理由とする」とは、妊娠・出産、育児休業等と不利益な取扱いの間に因果関係があることをいいます。具体的には、妊娠・出産等または育児休業の取得・申出等を契機として不利益な取扱いが行われた場合には、妊娠・出産、育児休業等を理由として不利益取扱いがなされたと解されます。なお、「契機として」については、時間的に近接して不利益取扱いが行われることを指します。例えば、定期的に人事考課・昇給等が行われている場合において、育児休業の申出後から育児休業満了後の直近の人事考課・昇給等の機会までの間に不利益取扱いがなされた場合は、「契機として」行われたものと判断されます。ただし、以下のような場合は除きます（平18.10.11雇児発第1011002号、育

介施行通達)。

〈不利益取扱いの禁止の対象とならないケース

- 業務上の必要性から不利益取扱いを行わざるを得ない場合において、その必要性の内容や程度が、不利益取扱いにより受ける影響を上回る特段の事情があるとき
- 労働者が取扱いに同意している場合において、その取扱いにより受ける有利な影響が不利な影響を上回り、取扱いについて事業主から適切な説明がなされる等、一般的な労働者であれば同意するような合理的な理由が客観的に存在するとき

5　労働者の配置に関する配慮

育介法26条、育介指針第 2 (15)

➡ 解　説 ▶

　事業主は、転勤等就業の場所の変更を伴う配置の変更をしようとする場合、その配置の変更により、子の養育または家族の介護を行うことが困難となる労働者がいるときは、当該労働者の子の養育または家族の介護の状況に配慮しなければならないこととされています。

　ここでいう「配慮」とは、転勤等により子の養育または家族の介護を行うことが困難とならないよう留意等することであり、配置の変更をしないようにするといったことや、育児等を軽減するための積極的な措置を講じるといったことが事業主に求められて

96　第 1 章　制度解説編

いるわけではありません。育介指針では、配慮の内容として、①
労働者の子の養育または家族の介護の状況を把握すること、②労
働者本人の意向をしんしゃくすること、③転勤等をさせる場合の
子の養育または家族の介護の代替手段の有無の確認を行うことを
挙げています。

ここまでのまとめ

【その他の事業主が講ずべき措置等】
1　育児・介護休業法に定める制度の周知義務等
　(1)　妊娠・出産等の申出をした労働者に対する個別周
　　　知・意向確認★

★　2025年10月１日以降は、「意向聴取・配慮」も義務付けられ
　　ます。

　①　「妊娠・出産等についての申出」とは
　　→労働者または配偶者が妊娠・出産した事実のほ
　　　か、１歳未満の子について特別養子縁組前の看護
　　　をしていること等一定の場合を含む
　②　個別周知する内容
　　→以下の事項について個別に周知する
　　　・育児休業・出生時育児休業に関する制度
　　　・育児休業・出生時育児休業申出の申出先
　　　・雇用保険の育児休業給付（育児休業給付金およ

Ⅲ　その他の事業主が講ずべき措置等　97

び出生時育児休業給付金）★
- 社会保険料の取扱い

★　2025年4月1日以降は、「出生後休業支援給付金」が追加されます。

③　個別周知および意向確認の方法
　　→次のいずれかの方法による
- 面談
- 書面の交付
- ファクシミリの送信※
- 電子メール等の送信※

※　労働者が希望する場合に限ります。

④　実施時期
　　→実施時期の目安
- 申出が出産予定日の
  1ヵ月前～2週間前の申出　→1週間以内
- 上記以降の申出　　　　　→できる限り速やかに

2　育児休業等を取得しやすい雇用環境の整備
　　→以下のいずれかの措置を実施する義務
- 育児休業にかかる研修の実施
- 育児休業に関する相談体制の整備（相談窓口の設置等）

・雇用する労働者の育児休業の取得に関する事例の収集および当該事例の提供

・雇用する労働者に対する育児休業に関する制度および育児休業の取得の促進に関する方針の周知

3 妊娠・出産、育児休業等に関するハラスメント防止措置等

(1) 妊娠・出産、育児休業等に関するハラスメントとは

→女性労働者が妊娠・出産したこと、または法律に定める妊娠・出産・育児・介護に関する制度等を請求または利用したことに関する上司または同僚の言動（解雇その他不利益な取扱いをしたり、嫌がらせ等をしたりすること）により、当該女性労働者の就業環境が害されること

(2) 事業主が講ずべき防止措置

→以下の5つ

① 事業主の方針の明確化およびその周知・啓発

② 相談窓口等の整備

③ 妊娠・出産、育児休業等に関するハラスメントへの事後の迅速かつ適切な対応

④ 職場における妊娠・出産、育児休業等に関するハラスメントの原因や背景となる要因を解消するための措置

⑤ 上記①～④と併せて講ずべき措置

・相談者・行為者等のプライバシー保護措置と労働者への周知

Ⅲ その他の事業主が講ずべき措置等 99

- ハラスメントに関し相談をしたこと等を理由として解雇その他不利益な取扱いをされない旨を定め、労働者に周知・啓発すること

4　妊娠・出産、育児休業等を理由とする不利益な取扱いの禁止

5　労働者の配置に関する配慮

Ⅳ　各種社会保険の手続き

　これまで妊娠・出産に関する制度と子育てに関する制度の概要等について見てきましたが、出産や育児休業に関しては、健康保険、厚生年金保険および雇用保険の各種社会保険において、給付金を受けられたり、保険料の免除が受けられる制度があります。以下、どのような制度があるか見ていきましょう。なお、これらの制度の具体的な手続き等は第3章を参照してください。

CONTENTS

【各種社会保険の手続き】
1　妊娠・出産前後の制度
　(1)　産前産後休業期間中の社会保険料免除
　(2)　出産育児一時金
　(3)　出産手当金
　(4)　子を健康保険の被扶養者とする手続き
2　育児休業に関する制度
　(1)　育児休業中の社会保険料免除
　(2)　育児休業給付金
　(3)　出生時育児休業給付金
3　産前産後休業・育児休業復帰後の手続き
　(1)　育児休業等終了時改定

(2) 産前産後休業終了時改定
(3) 養育期間の従前標準報酬月額のみなし措置(養育特例)

1 妊娠・出産前後の制度

　ここでは、妊娠・出産前後に適用される社会保険の制度を見ていきます。産前産後休業期間中は、事業主の申出により健康保険および厚生年金保険の保険料が免除されます。また、健康保険から、出産に伴い一時金の給付や、賃金が受けられない場合の所得補償の給付が受けられます。

⮕ 解　説 ⮞⮞

(1) 産前産後休業期間中の社会保険料免除

健康保険法159条の3、厚生年金保険法81条の2の2

　健康保険および厚生年金保険の被保険者が産前産後休業（10ページ参照）を取得している期間は、事業主の申出により、健康保険料および厚生年金保険料が事業主・被保険者とも免除されます。

　健康保険・厚生年金保険の保険料免除が受けられる期間は、「産前産後休業を開始した日の属する月からその産前産後休業が終了する日の翌日が属する月の前月まで」とされています。例えば、産前産後休業を取得した期間が8月23日から11月28日までの場合、産前休業を開始した日（8月23日）が属する月である8月から、産後休業が終了する日の翌日（11月29日）が属する月の前月である10月まで保険料が免除されます。一方、産後休業がちょ

102　第1章　制度解説編

うど月の末日で終了する場合は、免除月が変わります。例えば、前述の例で、出産が予定日より遅れたことにより産後休業が11月30日となった場合は、「産後休業が終了する日の翌日」は12月1日となり、その前月である11月まで保険料が免除されることになります。つまり、終了月の末日まで休業しない場合はその前月まで、末日まで休業する場合はその月まで保険料が免除されるということになります。

(2) 出産育児一時金

健康保険法101条

　健康保険の被保険者またはその被扶養者が妊娠4ヵ月（85日）以上で出産（早産、死産、流産、人工妊娠中絶を含む）した場合は、健康保険から出産育児一時金が支給されます。

① 出産育児一時金の額
　出産育児一時金の額は、50万円（産科医療補償制度に加入していない医療機関で出産したときは48.8万円）です。

② 直接支払制度等の利用
　出産育児一時金は、事前に手続きをしておくことで、医療機関等での出産費用に充てることができます。その仕組みを利用すると、被保険者は出産時に多額の出産費用を用意しておく必要がなくなります。例えば、出産費用が55万円だった場合、被保険者は、55万円から出産育児一時金の50万円を差し引いた5万円のみ医療機関等に支払えばよいこととされ、出産費用の残り50万円分は医療機関等が協会けんぽや健康保険組合（以下「保険者」といいます）に直接請求し、支払いを受けることになります。一方、

IV　各種社会保険の手続き　103

出産費用が48万円などのように出産育児一時金に満たない場合は、被保険者は差額の2万円を協会けんぽまたは健康保険組合に請求することができます。この仕組みを「直接支払制度」といいますが、この直接支払制度では事務的負担や資金繰りへの影響が大きい診療所・助産所等は、「受取代理制度」を利用できることとされています。2つの制度は事務手続きの流れが異なりますが、出産育児一時金を出産費用に充てることができる点は同じです。直接支払制度と受取代理制度の仕組みの概要は次ページの図表1-20のとおりです。

③ 「付加給付」がある場合

　健康保険組合の場合、法定の金額を上回る、組合独自の「付加給付」を設けている場合があります。この付加給付については直接支払制度を利用することはできませんので、出産費用について直接支払制度を利用する場合であっても、別途健康保険組合に支給申請をする必要があります。

(3)　出産手当金

`健康保険法102条`

　健康保険の被保険者が出産のため会社を休業し、その間の賃金が支給されない場合に、所得補償として健康保険から出産手当金が支給されます。

① 出産手当金が支給される期間

　出産手当金が支給されるのは、産前42日（多胎妊娠の場合は98日）から産後56日の間（いわゆる産前産後休業期間中）に休業し、その間の賃金が支給されない期間です。なお、出産予定日よ

104　第1章　制度解説編

図表1-20　直接支払制度と受取代理制度

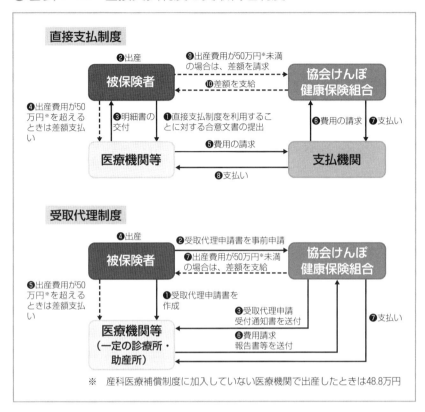

り遅れて出産した場合は、産前産後休業期間が合計で98日（多胎妊娠の場合は154日）を超えることがありますが、出産手当金はその超えた日数分も支給されます。出産予定日と出産日が異なる場合等の支給期間は図表1-21のとおりです。

◉図表1-21　出産手当金の支給期間

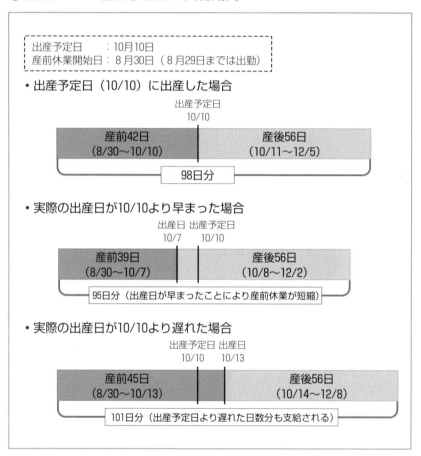

② 出産手当金の額

　出産手当金の額は、一定の算式で求める1日当たりの額に、前述の支給期間の日数を乗じた額です。1日当たりの額は、直近1年間の被保険者の標準報酬月額※の平均額をもとに算出した額に、支給率である2/3を乗じて求めます。つまり、概ね休業前の報酬の2/3（約67％）の金額が支給されるわけです。具体

な算式は、次のとおりです。

〈出産手当金の１日当たりの額〉

[『支給開始日以前12ヵ月間の標準報酬月額を平均した額』÷
30日]×２／３

※　標準報酬月額：被保険者が１ヵ月に受ける給与等の報酬額（報酬月額）
　を等級に分けたもので、健康保険・厚生年金保険の被保険者の保険料
　や保険給付の算定基礎となります。健康保険は１等級（５万8,000円）
　～50等級（139万円）、厚生年金保険は１等級（８万8,000円）～32等級（65
　万円）まであります。

出産手当金の具体的な計算例を見てみましょう。

〈出産手当金の計算例〉

出産日　　　　　　　　　　：2025年５月15日

産前産後休業を取得した期間：2025年４月4日（支給開始日）
　　　　　　　　　　　　　　〜７月10日（98日）

被保険者の標準報酬月額　　：2024年５月〜2024年10月

（支給開始日以前12ヵ月）　30万円

　　　　　　　　　　　　　　2024年11月〜2025年４月

　　　　　　　　　　　　　　32万円

Ⅳ　各種社会保険の手続き　107

○1日当たりの額

{(30万円×6ヵ月+32万円×6ヵ月)÷12ヵ月}÷30日

=1,0333.333…→1万330円（10円未満四捨五入）

1万330円×2/3＝6,886.666…→**6,887円**

（円未満四捨五入）

○出産手当金の額

6,887円×98日＝**67万4,926円**

注：上記はあくまで金額をイメージするための計算例であり、実際の
支給額は保険者が算定します。

　なお、支給開始日以前の期間が12ヵ月に満たない場合、1日当たりの金額は次のいずれか低いほうの標準報酬月額を使用して計算されます。

- 支給開始日の属する月以前の直近の継続した各月の標準報酬月額の平均額
- 当該年度の前年度9月30日における全被保険者の同月の標準報酬月額を平均した額

③　賃金が一部支給される場合

　出産手当金は産前産後休業中に賃金が支払われないときの所得補償の給付であるため、休業をしている場合でも、その間が有給であるなど事業主から賃金が支払われる場合は、支払われた日については原則として出産手当金は支給されません。ただし、支払

われた額が出産手当金の額より低いときは、その差額が支給されます。

(4) 子を健康保険の被扶養者とする手続き

健康保険法3条7項

　健康保険では、被保険者本人だけでなく、収入要件を満たした3親等内の親族にも「被扶養者」として一部の保険給付が行われます。出生した子を健康保険の被扶養者とする場合は、保険者に対し、夫婦いずれかの被扶養者とするための届出をする必要があります。なお、夫婦いずれの被扶養者とするかについては、原則として年間収入の多いほうの被扶養者とすることとされています。

2　育児休業に関する制度

　ここからは、育児休業中に適用される制度について見ていきます。育児休業中は、事業主の申出により健康保険および厚生年金保険の保険料が免除されます。また、雇用保険から給付金★が受けられます。

★　改正により、新たな給付金が創設されました（2025年4月1日施行）。第2章150ページ参照

➡ 解　説 ≫

(1) 育児休業中の社会保険料免除

健康保険法159条、厚生年金保険法81条の2

健康保険および厚生年金保険の被保険者が育児休業等を取得し

Ⅳ　各種社会保険の手続き　109

ている期間は、事業主の申出により、健康保険料および厚生年金
保険料が事業主・被保険者とも免除されます。

　健康保険・厚生年金保険の保険料免除が受けられる期間は、
「育児休業等を開始した日の属する月からその育児休業等が終了
する日の翌日が属する月の前月まで」とされています。

　育児休業中の健康保険、厚生年金保険の保険料免除の要件は、
2022年10月１日以降、法改正により大きく変わりました。改正前
は月の末日の時点で育児休業をしている場合に、当該月の保険料
が免除される仕組みとなっていたため、月末に１日でも育児休業
を取得していればその月の保険料（賞与保険料を含む）は免除さ
れる一方、例えば月中に20日間育児休業を取得したとしても、休
業期間に月の末日を含まない場合は免除の対象となりませんでし
た。つまり、短期間の育児休業の場合、月末時点で休業している
か否かで保険料が免除されるか否かが変わってしまうという不公
平が生じていました。

　改正後の2022年10月１日以降は、給与の保険料について、月末
時点で育児休業を取得していることに加え、育児休業期間に月末
を含まない場合でも14日（２週間）以上の休業については保険料
が免除する仕組みとされました。この場合、14日の計算に当たっ
ては、断続した休業でも通算されます。例えば、同一月内に「９
日」と「５日」の２回の育児休業を取得した場合は、合計で14日
以上となるため、当該月は保険料免除の対象となります。

　また、賞与の保険料については、育児休業の取得期間が１ヵ月
を超える場合に限り免除することとされました。現行の保険料の
免除について整理すると図表１-22のとおりです。

　なお、「育児休業等」とは３歳未満の子を養育する被保険者が
取得する育児休業および育児休業に準ずる休業とされており、育

110　第１章　制度解説編

▶図表1-22　育児休業中の保険料の免除（2022年10月1日施行）

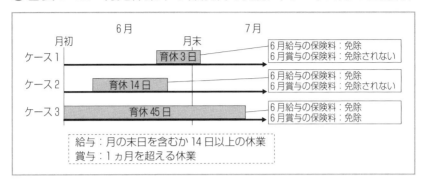

児・介護休業法に定める育児休業の期間（原則1歳まで。延長した場合は最大2歳まで。詳しくは17ページ参照）よりも長いので、注意が必要です。例えば、事業主が育児・介護休業法を上回る制度として子が3歳に達するまでの育児休業等の制度を設けていた場合、子が2歳を超えても、休業期間中は保険料の免除が受けられます。

(2) 育児休業給付金

雇用保険法61条の7

雇用保険の被保険者が一定の要件を満たす場合は、育児休業の期間中、育児休業給付金が支給されます。

① 育児休業給付金の支給対象者

育児休業給付金が受けられるのは、次の要件を満たす雇用保険の被保険者です。この給付金は、女性だけでなく男性も受給できます。また、両親が同時期に育児休業している場合でも両親ともに受給することが可能です。

〈育児休業給付金の支給要件〉

次のすべての要件を満たすこと。

- 1歳（パパ・ママ育休プラスの場合は1歳2ヵ月、1歳到達日以降の休業の場合はそれぞれ1歳6ヵ月、2歳）に満たない子を養育するために育児休業[1]を取得する被保険者であること
- 育児休業開始日前2年間[2]に賃金支払いの基礎となった日数が<u>11日</u>[3]以上ある完全月（みなし被保険者期間）が、12ヵ月以上あること[4]

※1　育児休業の内容については14ページ参照

※2　育児休業開始日前2年間に次の理由により引き続き30日以上賃金の支払いを受けなかった場合は、その間の日数を2年間に加算できます（最大4年まで）。

- 疾病・負傷
- 出産
- 事業所の休業
- 事業主の命による外国における勤務
- 国と民間企業との間の人事交流に関する法律第2条第4項第2号に該当する交流採用
- 前各号に掲げる理由に準ずる場合であって、公共職業安定所長がやむを得ないと認めるもの

※3　11日以上の月が12ヵ月以上ない場合、日数は11日未満でも80時間以上の月がある場合は、その月は1ヵ月として算定されます。

※4　入社後の雇用期間が1年程度と短く、出産の時期によって「育児休業を開始した日の前2年間にみなし被保険者期間が12ヵ月

以上」の要件を満たさないケースについて、みなし被保険者期間の計算の起算点を産前休業開始日とすることができる特例があります。

② 支給期間・支給単位・支給申請

　育児休業給付金が支給される期間は、子が1歳（パパ・ママ育休プラスの場合は1歳2ヵ月、1歳到達日以降の休業の場合はそれぞれ1歳6ヵ月、2歳）に達する日の前日まで（＝誕生日の前々日まで）で、育児休業を取得した期間です。

　支給単位は育児休業開始日から1ヵ月ごとに区切った期間（以下「支給単位期間」という）ですが、支給申請は2ヵ月に1回、2つの支給単位期間（2ヵ月）分をまとめてハローワークで申請することとされています。

③ 支給回数

　1歳に達するまでの子の育児休業が2回まで分割して取得できることを受け、育児休業給付金も2回まで支給されます。分割して取得する場合、みなし被保険者期間の支給要件の確認（休業開始日前2年間に賃金支払基礎日数が11日以上ある月が12ヵ月以上あること）および休業開始時賃金日額（休業開始前6ヵ月間の賃金を180で除した額）の算出については初回の育児休業時のみ行います。つまり、2回取得したとしても、休業開始時賃金日額はあくまで最初の育児休業時の金額を用いて算出されるわけです。なお、この2回には後述する出生時育児休業給付金の支給はカウントされません。

　3回目の給付は原則として支給されませんが、子が1歳に達す

Ⅳ　各種社会保険の手続き　113

るまでの育児休業を分割で2回取得した後に1歳到達日後の育児休業を取得するとき等、例外的に3回目の給付が受けられる事由が定められています。具体的な事由は次のとおりです。

〈育児休業給付金の3回目が支給される例外的な事由〉

1歳までの育児休業についての例外的な事由 ★

（イ）　新たな産前産後休業期間が始まったことにより育児休業が終了した場合で、産前産後休業にかかる子が次のいずれかに該当したとき
　　ⓐ　死亡したこと
　　ⓑ　子が他人の養子となったこと等の事情により、同居しないこととなったこと
（ロ）　新たな育児休業期間が始まったことにより育児休業が終了した場合で、新たな育児休業にかかる子が次のいずれかに該当したとき
　　ⓐ　死亡したこと
　　ⓑ　子が他人の養子となったこと等の事情により、同居しないこととなったこと
　　ⓒ　特別養子縁組の不成立、養子縁組里親への委託の措置の解除
（ハ）　新たな介護休業期間が始まったことにより育児休業が終了した場合で、対象家族が死亡したときまたは離婚、婚姻の取消し、離縁等により介護休業の対象家族との親族関係が消滅したとき
（ニ）　配偶者の死亡

㈭　配偶者が負傷、疾病、身体上・精神上の障害により子を
養育することが困難な状態になった場合

㈬　婚姻の解消その他の事情により配偶者が子と同居しない
こととなった場合

㈫　育児休業の申出にかかる子が、負傷、疾病、身体上・精
神上の障害により、2週間以上の期間にわたり世話を必要
とする状態になった場合

㈪　育児休業の申出にかかる子について、保育所等に申込み
を行っているが、当面保育の利用ができないとき

★　省令の改正により、例外的な事由が追加されます（2025年4月1
日施行）。第2章155ページ参照

1歳到達日後の育児休業についての例外的な事由

㈸　その養育する子が1歳～1歳6ヵ月、1歳6ヵ月～2歳
の期間において、それぞれ当該期間中に初めて育児休業を
開始する場合

㈺　その養育する子が1歳～1歳6ヵ月、1歳6ヵ月～2歳
の期間において、「1歳までの育児休業についての例外的
な事由」の㈸～㈧に該当する場合

④　育児休業給付金の額

　育児休業給付金の支給単位期間ごとの支給額は、原則として育
児休業前6ヵ月間の賃金をもとに算出した休業開始時点の賃金月
額に支給率を乗じて算出します。具体的には次のとおりです。

Ⅳ　各種社会保険の手続き　115

〈育児休業給付金の支給単位期間ごとの支給額〉

休業開始時の賃金月額（休業開始時賃金日額×支給日数）×
支給率67％（育児休業開始から180日[※]経過後は50％）

※　出生時育児休業給付金を受けた場合は、その日数も通算する

　「休業開始時賃金日額」とは、原則として育児休業前（産前産後休業を取得した被保険者の場合は産前産後休業開始前）６ヵ月間の賃金を180で除して平均した額です。また、１支給単位期間の「支給日数」は、その支給単位期間の暦日数にかかわらず、30日で計算します。ただし、休業終了日の属する支給単位期間については、その支給単位期間の暦日数となります。
　それでは、育児休業給付金の具体的な計算例を見てみましょう。

〈育児休業給付金の計算例〉

休業開始時賃金日額：１万1,000円
（休業開始前６ヵ月間の賃金の平均）

〇休業開始時の賃金月額
　１万1,000円×30日＝33万円

〇支給額
　33万円×67％＝22万1,100円

注：上記はあくまで金額をイメージするための計算例であり、実際の
　　支給額は保険者が算定します。

116　第１章　制度解説編

なお、休業開始時の賃金月額（休業開始時賃金日額×支給日数の額）には上限額と下限額が、支給額（賃金月額×支給率の額）には支給上限額が設けられています。このため、賃金月額を計算した結果、その額が上限額を上回る場合または下限額を下回る場合は、上限額・下限額がそれぞれ賃金月額とされます。また、支給額についても、計算した結果が支給上限額を上回る場合は、支給上限額が支給額とされます。賃金月額の上限額・下限額および支給上限額の金額は下記のとおりです。なお、これらの額は、毎月勤労統計の平均定期給与額の増減をもとに、毎年8月1日に変更されます。

〈支給限度額等の金額〉（2024年8月1日〜2025年7月31日）

• **休業開始時の賃金月額の上限額および下限額**

　　上限額　　　　　　47万　700円

　　下限額　　　　　　8万6,070円

• **支給限度額**

　　支給率67％の場合（育児休業開始から6ヵ月以内）

　　31万5,369円

　　支給率50％の場合（育児休業開始から6ヵ月後）

　　23万5,350円

---

⑤　育児休業期間中に就業した場合

　育児休業期間中は労務提供義務が消滅しており、基本的に就業することは想定されていませんが、トラブルや災害対応等のため、労使話し合いのもと、臨時的・一時的な就労をすることは許容されています。

育児休業給付金については、支給単位期間における就業日数が10日（10日を超える場合は80時間）以下であれば支給されます（雇保則101条の22）。ただしこの場合、就業により支払われた賃金の額によって給付金が減額される可能性があります。この点については次で解説します。

⑥　賃金が支払われた場合

　支給単位期間中に休職給や就業による賃金が支払われた場合、支払われた賃金（育児休業期間以外の期間を対象とする賃金を除く）額が休業開始時の賃金月額の13％（30％※）以下の場合は、給付金は減額されません（全額支給）。一方、13％（30％※）超～80％未満の場合は、賃金額と育児休業給付金の合計が休業開始時の賃金月額の80％相当額に達するまで支給されます。つまり、支給額は休業開始時の賃金月額の80％から賃金額を差し引いた差額ということになります。また、賃金額が休業開始時賃金日額の80％以上となる場合は、給付金は支給されません（図表1-23）。

※　（　）内は、支給率が50％の場合

▶図表1-23　賃金が支払われた場合の支給額

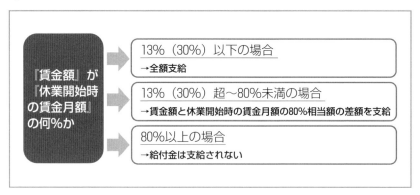

(3) 出生時育児休業給付金

> 雇用保険法61条の 8 、雇保則101条の31〜33

　出生時育児休業を取得した際は、「出生時育児休業給付金」を受け取ることができます。

① 支給要件

　出生時育児休業給付金が支給される要件は、育児休業給付金と同様、原則として「出生時育児休業開始日（分割して取得する場合は、初回の休業開始日）前 2 年間にみなし被保険者期間が12ヵ月以上あること」です。この「前 2 年間」に次のいずれかの事由により引き続き30日以上賃金の支払いを受けなかった場合は、その間の日数を 2 年間に加算できます（最大 4 年まで）。

- 疾病・負傷
- 出産
- 事業所の休業
- 事業主の命による外国における勤務
- 国と民間企業との間の人事交流に関する法律第 2 条第 4 項第 2 号に該当する交流採用
- 前各号に掲げる理由に準ずる場合であって、公共職業安定所長がやむを得ないと認めるもの

---

② 支給期間・支給回数・支給申請

　出生時育児休業給付金が分割取得できることを踏まえ、2 回分（合計28日）まで支給されます。したがって、3 回目以降の休業を取得したとしても給付金は支給されません。支給申請は、2 回

Ⅳ　各種社会保険の手続き　119

に分割した場合でも子の出生後 8 週間経過後にまとめて 1 回で行います★。具体的には「子の出生の日から起算して 8 週間を経過する日の翌日」から「2 ヵ月経過日が属する月の末日」までに申請を行うこととされます。例えば 5 月10日が対象期間の最後の日であったとすると、7 月末日までに申請を行う必要があります。

★ 改正により、支給申請時期が変わりました（2025年 4 月 1 日施行）。第 2 章164ページ参照

③ 出生時育児休業給付金の額

出生時育児休業給付金の額は、出生時育児休業前 6 ヵ月間の賃金を180で除して算出した休業開始時賃金日額をもとに下記の算式により算出します。

〈出生時育児休業給付金の支給額〉
休業開始時賃金日額×支給日数×支給率67%

「支給日数」については、出生時育児休業給付を取得した日数の合計です。育児休業給付のような「支給単位期間（原則として30日）」ではないので留意してください。なお、育児休業給付金と同様、計算した結果が、支給上限額（2024年 8 月 1 日時点で294,344円）を上回る場合は、支給上限額が支給額とされます。

④ 就業した場合

出生時育児休業給付金は、就業した日数が以下の日数を超える場合は支給されません。出生時育児休業は労使協定の締結により

一定の範囲内の就業が想定されていますが、就業日数を決定する際は留意が必要です。

- 休業日数の合計が28日の場合
  → 10日（10日を超える場合は80時間）
- 休業日数の合計が28日未満の場合
  → 10日×休業日数÷28日（1日未満の端数は切上げ）

  ＊上記日数を超える場合は80時間×休業日数÷28日

---

⑤　賃金が支払われた場合の調整

　賃金が支払われた場合の出生時育児休業給付金の調整は、現行の育児休業給付金の仕組みと同じです。出生時育児休業期間中に支払われた賃金額が休業開始時賃金日額に支給日数を乗じた額の13％以下の場合は、給付金は減額されません（全額支給）。一方、13％超80％未満の場合は、休業開始時賃金日額に支給日数を乗じた額の80％から賃金額を差し引いた差額となり、80％以上となる場合は、給付金は支給されません。

3　産前産後休業・育児休業復帰後の手続き

　産前産後休業または育児休業から復帰した後の社会保険の手続きとしては、健康保険・厚生年金保険の標準報酬月額※を復帰後の報酬に併せて改定できる「終了時改定」や、標準報酬月額※を

改定したことに伴う年金の支給額の低下を防ぐための「標準報酬月額のみなし措置」があります。以下、内容を見ていきましょう。

※　標準報酬月額：被保険者が１ヵ月に受ける給与等の報酬額（報酬月額）を等級に分けたもので、健康保険・厚生年金保険の被保険者の保険料や保険給付の算定基礎となります。健康保険は１等級（５万8,000円）〜50等級（139万円）、厚生年金保険は1等級（８万8,000円）〜32等級（65万円）まであります。

➡ 解　説 〉〉

（1）　育児休業等終了時改定

〉 健康保険法43条の２、厚生年金保険法23条の２ 〈

　健康保険・厚生年金保険の標準報酬月額の改定は、定時決定[※1]および随時改定[※2]の時期に限られています。したがって、育児休業等（育児休業および育児休業に準ずる休業。以下同じ）から復帰後に短時間勤務等を行うなどして報酬が下がっても、随時改定や定時決定に該当しない限り、育児休業等を取得する前に就業していた時期の高い標準報酬月額により保険料等を支払うことになります。そこで、育児休業等終了後に一定の要件を満たす場合は、復帰後３ヵ月間の賃金に基づき、４ヵ月目から標準報酬月額を改定することができます（図表１-24）。

※１　定時決定：毎年９月に行われる標準報酬月額の見直し。原則として４月から６月に支払われた給与の平均額をもとに９月以降の新しい標準報酬月額を決定します。
※２　随時改定：固定的賃金の変動があり、その変動月以後３ヵ月間の報

122　第１章　制度解説編

酬の平均額に基づく標準報酬月額が従前と比べて2等級以上の差（固定的賃金が上がった場合は2等級以上↑、下がったときは2等級以上↓であること）があるときは、4ヵ月目以降の標準報酬月額を改定します。

◉図表1-24　育児休業等終了時改定のイメージ

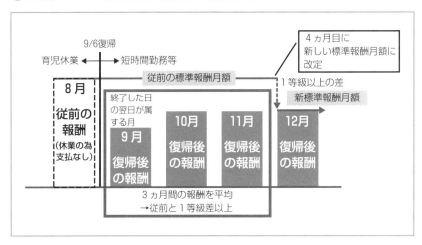

① 育児休業等終了時改定の要件

育児休業等を終了した日において3歳未満の子を養育している被保険者が次の要件のいずれにも該当する場合は、育児休業等終了時改定の対象となります。

〈育児休業等終了時改定の要件〉
　育児休業等を終了した日において3歳未満の子を養育している被保険者が次の要件のいずれにも該当する場合
　(イ)　育児休業等終了日の翌日が属する月以後3ヵ月間[※1]

に受けた報酬の平均額に基づく標準報酬月額と従前の標準報酬月額との間に１等級以上の差が生じていること

  ㈠　育児休業等の終了日の翌日が属する月以後３ヵ月のうち、少なくとも１ヵ月の支払基礎日数が17日以上[※2]であること

※１　支払基礎日数が17日（特定適用事業所の短時間労働者は11日）未満の月は除きます。なお、パートタイム労働者の場合は、17日以上の月があればその月の平均額、３ヵ月のいずれも17日未満の場合は、15日以上の月の平均額で算出します。

※２　特定適用事業所の短時間労働者は11日、パートタイム労働者は17日以上の月がない場合は15日以上の月

　なお、随時改定の場合と異なり、固定的賃金の変動は要件ではありません。その他、随時改定では３ヵ月すべての月の支払基礎日数が17日以上であること、２等級以上の差が生じる等の要件がありますが、育児休業等終了時改定の場合、支払基礎日数が１ヵ月以上あり、１等級差以上の差があれば改定が可能である等の相違点がありますので、混同しないよう留意が必要です。

②　育児休業等終了時改定の改定月

　育児休業等終了時改定の届出をした場合、終了日の翌日が属する月（復帰した月）から４ヵ月目の標準報酬月額から適用されます。例えば、９月５日に育児休業を終了し、６日に復帰した場合で、９月から11月の３ヵ月間に支払われた賃金額に基づき届出をした場合は、４ヵ月目の12月から標準報酬月額が改定されます。

124　第１章　制度解説編

このため、健康保険・厚生年金保険の保険料については、12月分の保険料（翌年1月徴収分）から新しい標準報酬月額に基づく保険料を支払うことになります（図表1-25）。

● 図表1-25　育児休業等終了時改定の改定月

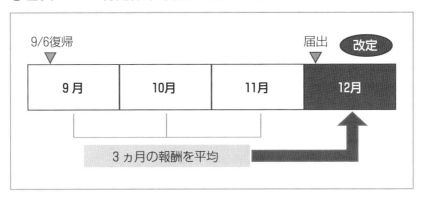

③　育児休業等終了時改定の例

それでは、育児休業等終了時改定の例を見てみましょう。

〈育児休業等終了時改定の例〉
育児休業終了日　　：9月5日
職場復帰日　　　　：9月6日
標準報酬月額　　　：30万円
給与の支払形態　　：月給制
給与の締日・支払日：毎月20日締切　当月25日払

●図表1-26　復帰後3ヵ月間の報酬と支払基礎日数

給与支払日	給与締切期間	支払基礎日数	給　与
9/25	8/21〜9/20	10日	112,500円
10/25	9/21〜10/20	30日	232,500円
11/25	10/21〜11/20	31日	232,500円

○標準報酬月額の算出

(イ)　支払基礎日数が17日未満の9月を除く10月と11月の平均
額を算出（23万2,500円＋23万2,500円）÷2＝23万2,500円

(ロ)　従前の標準報酬月額と比較
23万2,500円→標準報酬月額24万円
従前の等級（30万円）と比較して3等級の差（↓）
→終了時改定に該当

④　被保険者の申出が必要

　育児休業等終了時改定は、随時改定や定時決定等と異なり任意の手続きであるため、被保険者自身の申出（届出の申出欄に氏名等の記載）が必要です。申出が必要とされているのは、標準報酬月額は保険料のほか、保険給付の額の算定基礎となっているため、従前より低い標準報酬月額に改定することによって、例えば健康保険の傷病手当金等の保険給付を受給する際に、従前より低い額で算定されることとなるためです。事業主はこの点について被保険者が理解した上で申出できるように、事前の説明等をすることが求められます。

　なお、厚生年金の年金給付（老齢厚生年金等）の額については、後述する「養育特例」の手続きを行うことによって将来の年

126　第1章　制度解説編

金給付の額に影響がないようにすることができます。

(2) 産前産後休業終了時改定
健康保険法43条の3、厚生年金保険法23条の3

被保険者が産前産後休業終了後に育児休業等を取得せずに職場復帰する場合は、育児休業等終了時改定と同様に、復帰後3ヵ月の報酬に基づき標準報酬月額を改定することができます（産前産後休業終了時改定）。産前産後休業終了時改定の要件等は育児休業等終了時改定と同様です。

(3) 養育期間の従前標準報酬月額のみなし措置（養育特例）
厚生年金保険法26条

3歳未満の子を養育している被保険者が、短時間勤務等による報酬の減少のため標準報酬月額が従前より低下した場合に、将来

▶図表1-27 養育特例の効果

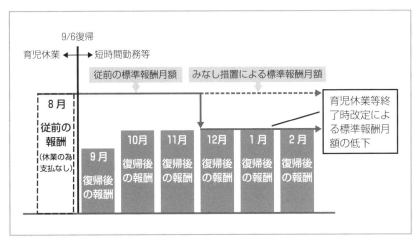

Ⅳ 各種社会保険の手続き 127

の年金給付（老齢厚生年金、障害厚生年金、遺族厚生年金）の額に影響がないよう、従前の高いほうの標準報酬月額とみなして年金給付の額が算出されるようにする制度です（図表1-27）。養育特例の措置を受けるためには、被保険者の申出が必要です。

ここまでのまとめ

【各種社会保険の手続き】
1　妊娠・出産前後の制度
　(1)　産前産後休業期間中の社会保険料免除
　　　→産前産後期間中の健康保険料および厚生年金保険料が事業主の申出により免除される制度
　(2)　出産育児一時金
　　　→健康保険の被保険者またはその被扶養者が出産した場合、一時金（50万円）が受けられる制度。直接支払制度または受取代理制度の利用が可能
　(3)　出産手当金
　　　→健康保険の被保険者が産前42日から産後56日の間に出産のため休業し、その間の賃金が支給されない場合に、1日当たり概ね休業前の2/3の額が支給される制度
　(4)　子を健康保険の被扶養者とする手続き
　　　→出生した子を夫婦いずれかの健康保険の被扶養者として届出をすることで、各種保険給付を受けることができる。

2 育児休業に関する制度

(1) 育児休業中の社会保険料免除

→育児休業期間中の健康保険料および厚生年金保険料が事業主の申出により免除される制度

(2) 育児休業給付金★

→一定要件を満たす場合、育児休業中に、雇用保険から育児休業給付金（休業開始時賃金月額の67/100、6ヵ月経過後は50/100）が支給される制度

(3) 出生時育児休業給付金★

→一定要件を満たす場合、出生時育児休業中に、雇用保険から出生時育児休業給付金（休業開始時賃金日額×支給日数の67/100）が支給される制度

★　2025年4月1日以降、新たな給付金が創設されます。

3 産前産後休業・育児休業復帰後の手続き

(1) 育児休業等終了時改定

→育児休業等終了後に一定の要件を満たす場合、復帰後3ヵ月間の賃金に基づき、4ヵ月目から標準報酬月額を改定することができる制度

(2) 産前産後休業終了時改定

→産前産後休業終了後に一定の要件を満たす場合、復帰後3ヵ月間の賃金に基づき、4ヵ月目から標準報酬月額を改定することができる制度

(3) 養育期間の従前標準報酬月額のみなし措置（養育特例）

→3歳未満の子を養育している被保険者が、短時間勤務等による報酬の減少のため標準報酬月額が従前より低下した場合に、将来の年金給付の額に影響がないよう、従前の高いほうの標準報酬月額とみなして年金給付の額が算出されるようにする制度

第2章
法改正編

I 育児・介護休業法等の改正概要

　育児・介護休業法は、育児休業、介護休業その他育児や介護を
する労働者のための休暇や短時間勤務等の労働時間の措置につい
て定めた法律ですが、近年は、2016年、2017年、2019年、2021年
と実務に影響する法令の改正が続いています。そして今回、2024
年の第213回国会で可決・成立した「育児休業、介護休業等育児
又は家族介護を行う労働者の福祉に関する法律及び次世代育成支
援対策推進法の一部を改正する法律」（5月31日公布）および「子
ども・子育て支援法等の一部を改正する法律」（6月12日公布）
により、育児・介護休業法および雇用保険法が改正されます。

　今回の改正法は子の看護休暇や所定外労働制限の見直しのほ
か、3歳以上の子を養育する労働者に対して柔軟な働き方を実現
するための措置を講じることが事業主に義務付けられるなど、実
務上大きな影響があります。本章では産休・育休制度にかかる改
正事項を中心に、改正法の内容と企業に求められる対応について
見ていきます。

1　改正法の概要

　「育児休業、介護休業等育児又は家族介護を行う労働者の福祉
に関する法律及び次世代育成対策推進法の一部を改正する法
律」は、2024年の第213回国会で可決・成立し、5月31日に公布

132　第2章　法改正編

されました。また、雇用保険法の改正を含む「子ども・子育て支援法等の一部を改正する法律」については、同年6月12日に公布されました。これらの改正法による育児・介護休業法、次世代法および雇用保険法の主な改正事項は次のとおりです。

(1)　育児・介護休業法の改正

① 　子の看護休暇の見直し

② 　所定外労働の制限の対象となる子の範囲の拡大

③ 　300人超の企業に育児休業取得状況の公表の義務付け

④ 　育児短時間勤務の代替措置の追加

⑤ 　在宅勤務等の措置の努力義務化

⑥ 　柔軟な働き方を実現するための措置の義務付け

⑦ 　個別の意向の聴取と配慮の義務付け

(2)　雇用保険法の改正

① 　出生後休業支援給付金の創設

② 　育児時短就業給付金の創設

③ 　育児休業中に出向となった場合の取扱いの見直し（省令改正事項）

④ 　出生時育児休業給付金の支給時期の見直し（省令改正事項）

　施行時期は改正事項により異なり、(1)の⑥、⑦は2025年10月1日に施行、その他の改正は2025年4月1日に施行されます（図表2－1）。なお、今回の改正には育児に関するものだけではなく、介護に関するものも含まれています。介護に関する改正内容はⅢ「参考」（179ページ）を参照してください。

Ⅰ　育児・介護休業法等の改正概要　133

●図表2-1　育児・介護休業法等の改正概要と施行時期

法律	改正内容	施行時期
育児・介護休業法 （育児に関する改正）	子の看護休暇の見直し	2025年4月1日
	所定外労働の制限の対象となる子の範囲の拡大	
	300人超の企業に育児休業取得状況の公表の義務付け	
	育児短時間勤務の代替措置の追加	
	在宅勤務等の措置の努力義務化	
	柔軟な働き方を実現するための措置の義務付け	2025年10月1日
	個別の意向の聴取と配慮の義務付け	
雇用保険法	出生後休業支援給付金の創設	2025年4月1日
	育児時短就業給付金の創設	
	育児休業中に出向となった場合の取扱いの見直し（省令改正事項）	
	出生時育児休業給付金の支給時期の見直し（省令改正事項）	

それでは、改正内容を見ていきましょう。

2　育児・介護休業法の改正

　今回の改正では、子の看護休暇や所定外労働の制限のほか、新たに柔軟な働き方を実現するための措置が義務付けられるなど、多くの事項が改正されます。改正内容について具体的に見ていきましょう。

(1) 子の看護休暇の見直し

> 改正育介法16条の2、16条の3、改正則32条～33条の2

> 施行日：2025年4月1日

　子の看護休暇について以下の点が改正されます。

① 対象となる子の年齢

　子の看護休暇の対象となる子の年齢は、現行法では小学校就学始期までの子とされていますが、改正法施行後は、「9歳に達する日以後の最初の3月31日までの子（小学校第3学年修了前の子）」に拡大されます。

② 取得事由

　子の看護休暇を取得できる事由について、現行法では病気やケガをした子の世話のほか、予防接種または健康診断を受けさせることとされていますが、改正後は、以下の事由が追加されます。

(イ) 学校保健安全法20条の規定による学校の休業（感染症予防のための学級閉鎖等）

(ロ) 学校保健法19条の規定による出席停止（感染症予防のための出席停止）

(ハ) 保育所等その他の施設または事業における学校保健安全法20条の規定による学校の休業または(ロ)に準ずる事由

(ニ) 子の入園、卒園または入学の式典その他これに準ずる式典

I　育児・介護休業法等の改正概要　135

③ 労使協定で対象外とすることができる労働者

　子の看護休暇は原則として、対象となる子を養育する労働者が利用できる制度です。現行法では、(イ)継続して雇用された期間が6ヵ月未満の労働者、(ロ)週の所定労働日数が2日以下の労働者、(ハ)業務の性質もしくは業務の実施体制に照らして、厚生労働省令で定める1日未満の単位で休暇を取得することが困難と認められる業務に従事する労働者（時間単位の取得についてのみ）については、労使協定を締結することにより制度利用の対象外とすることができますが、改正後は、(イ)の除外要件が撤廃されます。したがって、改正後は、労働者が入社後すぐに制度利用を希望する場合でも、休暇を取得させる必要があります。

④ 名称を「子の看護等休暇」に変更

　今回の改正により取得事由が拡大されることに伴い、休暇の名称が「子の看護等休暇」に変更されます。

(2) 所定外労働の制限の対象となる子の範囲の拡大

> 改正育介法16条の8
> 施行日：2025年4月1日

　労働者の請求により所定外労働をさせないこととする「所定外労働の制限」について、現行法では、対象となる子の年齢が「3歳に満たない子」とされていますが、改正後は「小学校就学の始期に達するまでの子」となり、対象が拡大されます。

(3) 300人超の企業に育児休業取得状況の公表の義務付け

改正育介法22条の2

施行日：2025年4月1日

　現行法では、常時雇用する労働者の数が1,000人超の企業に対し、毎年少なくとも1回、男性労働者の(イ)育児休業等の取得割合または(ロ)育児休業等と育児目的休暇の取得割合を公表することを義務付けていますが、改正後は、公表が義務付けられる対象が「300人超」とされます。このため、労働者数が301人以上1,000人以下の企業は、施行日以降新たに上記の(イ)または(ロ)の公表が必要となります※。

　なお、本改正は、経過措置として「施行日以後に開始する事業年度」から適用されます。例えば、事業年度が10月～9月の場合、施行日である2025年4月1日以後に開始する事業年度、すなわち2025年10月1日から適用されることになります（改正法附則4条）。

※　公表事項の詳細は第1章85ページ参照

(4) 育児短時間勤務の代替措置の追加

改正育介法23条の2

施行日：2025年4月1日

　育児短時間勤務について、業務の性質または業務の実施体制に照らして、育児短時間勤務措置の実施が困難と認められる業務に従事する労働者は、労使協定により適用除外とすることが可能ですが、現行法では、適用除外とした労働者に対して、以下のいずれかの措置（代替措置）を講じることが義務付けられています。

Ⅰ　育児・介護休業法等の改正概要　137

- (イ) 育児休業に関する制度に準ずる措置
- (ロ) フレックスタイム制
- (ハ) 始業・終業時刻の繰上げ・繰下げ
- (ニ) 事業所内保育施設の設置運営その他これに準ずる便宜の供与

改正後は、上記の代替措置の選択肢に、新たに「在宅勤務等」が追加されます。「在宅勤務等」については、本条で「住居その他これに準ずるものとして労働契約又は労働協約、就業規則その他これらに準ずるもので定める場所における勤務」と定義されています。

(5) 在宅勤務等の措置の努力義務化

改正育介法24条の2
施行日：2025年4月1日

現行法では、小学校就学始期に達するまでの子を養育する労働者に関しては、以下の2つの措置を講じる努力義務が課されています。

- (イ) 育児に関する目的で利用できる休暇制度（配偶者出産休暇など）を設けること
- (ロ) 子の年齢等に応じて、育児休業に関する制度、フレックスタイム制、時差出勤の制度等一定の措置のうち必要なものを講じること

改正後は、上記の措置のほか、「3歳に達するまでの子を養育する労働者」に対する措置として、「在宅勤務等」が追加されます。

(6) 柔軟な働き方を実現するための措置の義務付け

改正育介法23条の3

施行日：2025年10月1日

子の年齢に応じて、柔軟な働き方を活用しながらフルタイムで働くことが可能となるよう、3歳以上小学校就学前までの子を養育する労働者が選択できる複数の措置を講じることが新たに事業主に義務付けられます。

① 講ずべき措置の内容

改正法23条の3第1項、2項、改正則75条の2〜75条の5

本制度では、以下の措置のうち、2以上の措置を講じることが義務付けられます。労働者は、そのうち1つを選択して利用することが可能です。

> (イ) 始業時刻変更等（以下のいずれか）
> ・フレックスタイム制
> ・始業または終業の時刻を繰り上げまたは繰り下げる制度（時差出勤の制度）
> (ロ) 在宅勤務等
> (ハ) 育児短時間勤務
> (ニ) 新たな休暇（養育両立支援休暇）の付与
> (ホ) 保育施設の設置運営その他これに準ずる便宜の供与

I　育児・介護休業法等の改正概要　139

なお、措置の選択に当たって、改正育介指針では、職場の実情を適切に反映するため事業所の性質や内容等に応じて措置の組み合わせを変えるなどの取組みを行うことが望ましいとされています。それでは、それぞれの制度について見ていきましょう。

㈤　始業時刻変更等の措置

　始業時刻変更等の措置については、フレックスタイム制または時差出勤制度のいずれかを講じることとされています。なお、両方の措置を講じても２以上の措置を講じたことにはならないので注意が必要です。

　いずれの場合もフルタイムで働くことを前提としており、フレックスタイム制については、「総労働時間を清算期間における所定労働日数で除した時間が１日の所定労働時間と同一」であること、時差出勤制度については「１日の所定労働時間を変更しない制度」であることが必要です。また、時差出勤の場合、繰り上げまたは繰り下げる時間の範囲についてとくに法令上の制限はありませんが、「令和６年改正育児・介護休業法に関するＱ＆Ａ」（以下「Ｑ＆Ａ」という）では、保育所等への送迎の便宜等を考慮して、通常の始業または終業の時刻を繰り上げ・繰り下げる制度である必要があるとされています。

㈥　在宅勤務等

　在宅勤務等については、自宅で行われることを基本にしつつ、サテライトオフィス等（労働者・事業主のどちらが契約して確保するものであるかは問われない）において行われることを含みます。在宅勤務等の措置を講じる場合は、次の要件をすべて満たす必要があります。

140　第２章　法改正編

> ⓐ　1日の所定労働時間を変更することなく利用することができること
> ⓑ　以下の日数以上利用できること
> 　・1週間の所定労働日数が5日の労働者については、1ヵ月につき10労働日以上
> 　・1週間の所定労働日数が5日以外の労働者は5日の労働者の日数を基準とし、その所定労働日数または1週間当たりの所定労働日数に応じた日数以上の日数
> ⓒ　時間単位で利用できるものであって、始業の時刻から連続し、または終業の時刻まで連続して利用することができるものであること

　ⓑの在宅勤務等の利用日数は「1ヵ月につき10労働日以上」とされていますが、利用できる日数を「3ヵ月で30日」とするなど、平均して「1ヵ月につき10労働日」以上の設定であれば、複数月を単位として利用日数の設定をすることも問題ありません。なお、改正育介指針では、当該日数より高い頻度で利用することができる措置とすることが望ましいとされています。

　ⓒの時間単位で取得する場合の1日の時間数は1日の所定労働時間数とされますが、日によって所定労働時間数が異なる場合には、1年間における1日平均所定労働時間数とし、1日の所定労働時間数または1日平均所定労働時間数に満たない端数がある場合は1時間に切り上げることとされます。

(ハ)　育児短時間勤務

　柔軟な働き方の選択肢としての育児短時間勤務については、現行法で義務付けられている3歳未満の子を養育する労働者に対し

I　育児・介護休業法等の改正概要　141

て講じる育児短時間勤務の制度と同様、1日の所定労働時間を原則として6時間とする措置を含むものとしなければなりません。なお、改正育介指針では、1日の所定労働時間を5時間とする措置または7時間とする措置、1週間のうち所定労働時間を短縮する曜日を固定する措置、週休3日とする措置等も併せて設定することが望ましいとされています。

㈡　新たな休暇（養育両立支援休暇）の付与

養育両立支援休暇とは、子の看護等休暇、年次有給休暇とは別に付与する新たな休暇であり、以下のすべての要件を満たす必要があります。

ⓐ　1日の所定労働時間を変更することなく利用すること
ⓑ　1年につき10労働日以上の日数の利用ができること
ⓒ　時間単位で取得できるものであって、始業の時刻から連続し、または終業の時刻まで連続して取得することができるものであること

ⓐについて、養育両立支援休暇を時間単位で取得する場合の1日の時間数は、㈣の在宅勤務等を時間単位で利用する場合と同様、1日の所定労働時間数とされますが、日によって所定労働時間数が異なる場合には1年間における1日平均所定労働時間数とし、1日の所定労働時間数または1日平均所定労働時間数に満たない端数がある場合は1時間に切り上げることとされます。

ⓑについて、養育両立支援休暇の付与については、例えば6ヵ月で5日、1ヵ月で1日のように、1年以内の期間で配分を設定した場合であっても、1年単位でみたときに10労働日以上の休暇

が確保されていれば差し支えないこととされています。

ⓒについて、時間単位の取得は、始業の時刻から連続し、または終業の時刻まで連続して取得するものとされていますが、改正育介指針では、労働者の勤務の状況等が様々であることを踏まえ、始業の時刻から連続せず、かつ、終業の時刻まで連続しない時間単位での休暇を認める措置となるよう、配慮することとされています。

なお、養育両立支援休暇を取得している期間については、無給としても差し支えありません。

㋭　保育施設の設置運営その他これに準ずる便宜の供与

保育施設の設置運営その他これに準ずる便宜の供与について、Ｑ＆Ａでは、現行法23条２項に定める育児短時間勤務の代替措置の一つである「保育施設の設置運営その他これに準ずる便宜の供与」の取扱いと同様とされています。これについて現行の行政通達では、「保育施設の設置・運営」について、事業主自身が保育施設の設置・運営を行う場合のほか、他の事業主が行い、事業主がそれに要する費用を負担する等の行為を要するものとされ、「その他これに準ずる便宜の供与」には、「労働者からの委任を受けてベビーシッターを手配し、当該ベビーシッターに係る費用を負担すること等が含まれる」とされていますので、対象措置においても同様の解釈になるものと考えられます。なお、Ｑ＆Ａでは、企業が福利厚生サービスとして実施する、いわゆる「カフェテリアプラン」の一環として、従業員がベビーシッターのサービス等の福利厚生サービスを選択・利用できるようにしている場合、本措置を講じたことになるとされています。

Ⅰ　育児・介護休業法等の改正概要　　143

② 労使協定で対象外とすることができる労働者

> 改正育介法23条の3第3項、改正育介則75条の6

　本制度は、労使協定を締結することにより、以下の労働者を制度利用の対象外とすることができます。

(イ) 事業主に引き続き雇用された期間が1年に満たない者

(ロ) 1週間の所定労働日数が2日以下の者

(ハ) 業務の性質または業務の実施体制に照らして、1日未満の単位で休暇を取得することが困難と認められる業務に従事する者（休暇の時間単位の場合に限る）

　(ハ)の1日未満の単位で休暇を取得することが困難と認められる業務について、改正育介指針では、以下の業務を例示として挙げています。同指針では、これらの業務はあくまで例示であり、それ以外は該当しないものではなく、また、これらの業務であれば困難と認められる業務に該当するものではないとされています。

ⓐ 国際路線等に就航する航空機において従事する客室乗務員等の業務等であって、所定労働時間の途中まで、または途中から新たな休暇を取得させることが困難な業務

ⓑ 長時間の移動を要する遠隔地で行う業務であって、時間単位の新たな休暇を取得した後の勤務時間または取得する前の勤務時間では処理することが困難な業務

ⓒ 流れ作業方式や交替制勤務による業務であって、時間単位で新たな休暇を取得する者を勤務体制に組み込むこと

によって業務を遂行することが困難な業務

　そのほか、同指針では、時間単位での取得ができないこととなった労働者であっても、半日単位での取得を認めること等、制度の弾力的な利用が可能となるように配慮することとされています。なお、上記の例示は、子の看護休暇および介護休暇を時間単位で取得することが困難と認められる業務として同指針で例示されている業務と同じです。

③　労働者代表等からの意見聴取

`改正育介法23条の３第４項`

　事業主は、本制度の措置を選択し、講じようとするときは、あらかじめ、労働者の過半数で組織する労働組合がある場合はその労働組合、そのような労働組合がない場合においては、労働者の過半数を代表する者から意見を聴かなければならないこととされています。

(7)　個別の意向の聴取と配慮の義務付け

`改正育介法21条２項・３項、23条の３第５項、第６項`

`施行日：2025年10月１日`

　改正により、現行法における労働者から妊娠・出産等について申出があった場合の個別周知・意向確認に加え、個別の意向聴取および配慮が義務付けられます。また、新たに、３歳未満の子を養育する労働者に対して、柔軟な働き方を選択するための措置について個別周知、意向確認、意向聴取、配慮を行うことが義務付けられます。それでは、詳しく見ていきましょう。

Ⅰ　育児・介護休業法等の改正概要　145

①　妊娠・出産等について申出があった場合の措置

改正法21条2項・3項、改正育介則69条の6、69条の7

　現行法では、労働者が妊娠・出産等の申出をした場合には、育児休業に関する制度等について個別周知することおよび育児休業取得の意向確認をすることが義務付けられていますが、改正後は、これに加えて、仕事と育児の両立にかかる就業条件に関する個別の意向を聴取（意向聴取）することが義務付けられます。また、意向聴取後、当該労働者の就業条件を定めるに当たっては、労働者の意向に配慮しなければならないこととされます。

　なお、労働者が本制度にかかる措置の申出をしたこと、もしくは措置が講じられたこと、意向聴取で確認した内容を理由として、解雇その他不利益な取扱いをしてはならないこととされています。

（イ）　意向聴取

　新たに義務付けられる意向聴取では、労働者に対し、以下の就業条件について希望等がないか意向を聴取することとされています。

ⓐ　始業および終業の時刻

ⓑ　就業の場所

ⓒ　子の養育に関する制度または措置※を利用することができる期間

ⓓ　その他職業生活と家庭生活との両立の支障となる事情の改善に資する就業に関する条件

※　子の養育に関する制度または措置：育児休業に関する制度、子

の看護等休暇に関する制度、所定外労働の制限に関する制度、時間外労働の制限に関する制度、深夜業の制限に関する制度、育児短時間勤務、育児短時間勤務の代替措置、柔軟な働き方を実現するための措置、その他子の養育に関する制度または措置

　意向聴取の方法については、個別周知・意向確認と同様、①面談（オンライン可）、②書面の交付、③ファクシミリを利用しての送信、④電子メール等の送信とされています。なお、③、④については労働者が希望した場合に限る点も同様です。

　㈹　配慮

　意向聴取した内容についての配慮は、労働者の意向の内容を踏まえた検討を行うものであり、改正指針から次のような事項が考えられます。

ⓐ　始業および終業の時刻にかかる調整
ⓑ　就業の場所にかかる調整
ⓒ　業務量の調整（一部業務の他の労働者への割当て、業務フローの見直し等）
ⓓ　子の養育に関する制度または措置を利用することができる期間の見直し
ⓔ　その他労働条件の見直し

　配慮について、事業主として聴取した意向の内容を踏まえた検討を行うことは必要ですが、その結果、何らかの措置を行うか否かは事業主が自社の状況に応じて決定することとされており、必

I　育児・介護休業法等の改正概要　147

ず労働者の意向に沿った対応をしなければならないということではありません。この点についてＱ＆Ａでは、検討の結果、労働者から聴取した意向に沿った対応が困難な場合には、「困難な理由を労働者に説明するなどの丁寧な対応を行うことが重要」とされています。

　なお、指針では、上記のほか、労働者の子に障害がある場合や医療的ケアを必要とする場合は短時間勤務の制度や子の看護等休暇等の利用が可能な期間を延長すること、労働者がひとり親家庭の親である場合で希望するときには、子の看護等休暇の付与日数に配慮することが望ましいとされています。

②　３歳に満たない子を養育する労働者に対する措置

改正法23条の３第５項・第６項、改正育介則75条の６～75条の10

　(6)の「柔軟な働き方を実現するための措置（以下「対象措置」という）」の選択に資するよう、３歳に満たない子を養育する労働者に対して、対象措置についての「個別周知」、措置の利用についての「意向確認」、就業条件に関する個別の「意向聴取・配慮」をすることが義務付けられます。

㋑　個別周知・意向確認・意向聴取・配慮の実施時期

　個別周知・意向確認・意向聴取・配慮は、労働者の子が３歳の誕生日の１ヵ月前までの１年間（１歳11ヵ月に達した日の翌々日から２歳11ヵ月に達する日の翌日まで）に行うこととされています。例えば、子の誕生日が2024年10月10日であった場合の個別周知・意向確認の時期は次のとおりです。

- 子の誕生日 : 2024年10月10日
- 1歳11ヵ月に達した日の翌々日：2026年 9 月11日
- 2歳11ヵ月に達する日の翌日 : 2027年 9 月10日
- 実施時期 : 2026年 9 月11日〜2027年
9 月10日の 1 年間

(ロ) 個別周知する事項

個別周知する事項は以下のとおりです

ⓐ 自社が講じた対象措置
ⓑ 対象措置にかかる申出の申出先
ⓒ 3 歳以降小学校就学前までの子を養育する以下の制度
- 所定外労働の制限
- 時間外労働の制限
- 深夜業の制限

(ハ) 個別周知・意向確認の方法

個別周知・意向確認を行う方法については、妊娠・出産等の申出時と同様、①面談（オンライン可）、②書面の交付、③ファクシミリを利用しての送信、④電子メール等の送信とされており、③、④については労働者が希望した場合に限るとされています。

(ニ) 意向聴取・配慮

意向聴取と配慮の内容については、①(イ)の妊娠・出産等の申出時と同様です。

Ⅰ 育児・介護休業法等の改正概要 149

3 雇用保険法の改正

2024年6月9日に公布された「子ども・子育て支援法等の一部を改正する法律」により雇用保険法が改正され、夫婦ともに育児休業等をする場合や、育児短時間勤務をする場合の新たな給付が創設されます。それでは、具体的な改正内容を見ていきましょう。

(1) 育児休業等に関する給付体系の変更

改正雇用保険法61条の6
施行日：2025年4月1日

今回の改正では、「出生後休業支援給付」および「育児時短就業給付」が創設され、既存の育児休業給付と併せて「育児休業等給付」とされます。雇用保険の育児休業等に関する給付体系を整理すると、図表2-2のとおりです。

▶図表2-2　育児休業等給付の体系

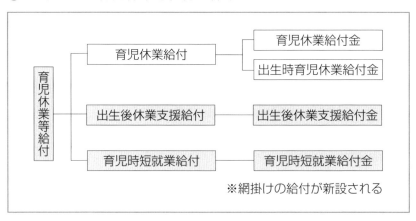

(2)　出生後休業支援給付金の創設

> 改正雇用保険法61条の10

> 施行日：2025年4月1日

　夫婦ともに育児休業を取得した際に、既存の育児休業給付と併せて受け取ることができる「出生後休業支援給付金」が新たに創設されます。

①　対象となる休業

> 改正雇用保険法61条の10第1項、改正雇保則101条の34

　出生後休業支援給付金の給付の対象となる休業は、次の(ロ)で見る「対象期間」内の休業（出生後休業）です。この点について改正雇保則では、「被保険者がその事業主に申し出ることによりする休業であって、育児休業給付金が支給されるものまたは出生時育児休業給付金が支給されるもの」（以下「給付対象出生後休業」という）とされています。後述するように、出生後休業支援給付金は、育児休業給付金および出生時育児休業給付金と併せて支給申請手続きをすることが前提であるため、対象となる休業もこれらの給付金が支給される育児休業または出生時育児休業に限ることとされています。

②　対象期間

> 改正雇用保険法61条の10第7項

　出生後休業支援給付金の給付の対象となる期間は、被保険者が産後休業を取得したか否かにより、以下のとおりとされています。

I　育児・介護休業法等の改正概要　151

(イ) 産後休業を取得しなかったとき（主に男性）
　→子の出生の日から起算して8週間を経過する日の翌日までの期間
(ロ) 産後休業を取得したとき（出産した女性）
　→出生の日から起算して16週間を経過する日の翌日までの期間

(ロ)について、労働基準法により、出産した女性は、原則として出産後8週間は産後休業を取得することとされているため、実質的に産後休業終了後の8週間が給付の対象期間として設定されていると考えられます。

なお、出産が予定日より早まったり、遅れたりした場合の対象期間は図表2-3のとおりです。

▶図表2-3　出産予定日と出生日が異なる場合の対象期間

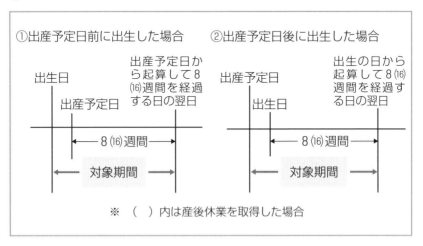

③　受給要件

> 改正雇用保険法61条の10第１・２項、
> 改正雇保則101条の34、101条の36、101条の37、101条の38

出生後休業支援給付金を受給する要件は、以下の３つです。

(イ)　原則として休業（２回以上休業を取得する場合は、初回
　　　の休業）開始日前２年間にみなし被保険者期間が12ヵ月
　　　以上あること
(ロ)　被保険者が対象期間内に取得した出生後休業の日数が通
　　　算して14日以上であること
(ハ)　被保険者の配偶者が子の出生の日から起算して８週間を
　　　経過する日の翌日までの期間内にした出生後休業の日数
　　　が通算して14日以上であること

(イ)について、育児休業給付金および出生時育児休業給付金と同
様、「前２年間」に次のいずれかの事由により引き続き30日以上
賃金の支払いを受けなかった場合は、その間の日数を２年間に加
算できます（最大４年まで）。

ⓐ　疾病・負傷
ⓑ　出産
ⓒ　事業所の休業
ⓓ　事業所の命による外国における勤務
ⓔ　国と民間企業との間の人事交流に関する法律第２条第４
　　項第２号に該当する交流採用

Ⅰ　育児・介護休業法等の改正概要　153

ⓕ　前各号に掲げる理由に準ずる理由であって、公共職業安定所長がやむを得ないと認めるもの

(ロ)について、①で見たとおり、「給付対象出生後休業」が通算して14日以上であることが必要です。

(ハ)の要件については、配偶者がいない場合等、次のⓐ～ⓓに該当する場合は適用されません。この場合、(イ)、(ロ)の要件を満たせば給付を受給することができます。

ⓐ　配偶者がいない等以下に該当する者の場合
　(ⅰ)　配偶者がいない者
　(ⅱ)　給付対象出生後休業にかかる子が、配偶者の子に該当しない（法律上の親子関係がない）者
　(ⅲ)　その他上記に準ずる者として職業安定局長が定める者
ⓑ　配偶者が雇用保険の適用事業に雇用される労働者でない場合（自営業者、専業主婦（夫）等）
ⓒ　配偶者が産後休業その他これに相当する休業をした場合
ⓓ　配偶者が次の(ⅰ)～(ⅳ)に該当し、子の出生の日から起算して８週間を経過する日の翌日までの期間内に休業をすることができない場合
　(ⅰ)　日々雇用される者である場合
　(ⅱ)　有期雇用労働者であって、子の出生の日から起算して８週間を経過する日の翌日から６ヵ月を経過する日までに、その労働契約が満了することが明らかである（育児休業、出生時休業の申出をすることができない）場

合

(ⅲ) 労使協定により育児休業をすることができない者に該
　　当する場合で、事業主から育児休業または出生時育児
　　休業の申出を拒否された場合

(ⅳ) その他子の出生の日から起算して8週間を経過する日
　　の翌日までの期間内において当該子を養育するための
　　休業ができないことについてやむを得ない事由がある
　　と公共職業安定所長が認める場合

④　受給できる期間および回数等

改正雇用保険法61条の10第3項、
改正雇保則101条の39、101条の40

　出生後休業支援給付金が支給される日数は、28日が限度です。
また、複数回の給付対象出生後休業を取得した場合は、それらの
日数を合算して28日までが限度とされますが、育児休業および出
生時育児休業が分割して取得できるのはそれぞれ2回までである
ことから、同一の子について、5回以上の出生後休業をした場
合、原則として、5回目以後について出生後休業支援給付金は支
給されません。ただし、以下のやむを得ない理由がある場合には
5回目以後であっても支給されます。なお、このやむを得ない理
由は、1歳に満たない子について、育児休業給付金が例外的に3
回以上支給される事由（雇保則101条の29の2）と同じです。

〈出生後休業を5回以上取得することについてやむを得ない理由〉
(イ)　産前産後休業期間が始まったことにより、出生後休業が

Ⅰ　育児・介護休業法等の改正概要　155

終了した場合で、その産前産後休業期間が終了する日（産前産後休業期間の終了後に引き続き、出産した子にかかる新たな育児休業期間が始まった場合には、新たな育児休業期間が終了する日）までに、産前産後休業にかかる子のすべてが、次のいずれかに該当することとなった場合

- 死亡したとき
- 養子となったことその他の事情により被保険者と同居しないこととなったとき

（ロ）　介護休業期間が始まったことにより出生後休業が終了した場合で、その介護休業期間が終了する日までに、介護休業にかかる対象家族が次のいずれかに該当することとなった場合

- 死亡したとき
- 離婚、婚姻の取消、離縁等により当該対象家族と被保険者との親族関係が消滅したとき

（ハ）　新たな育児休業期間が始まったことにより出生後休業が終了した場合で、その新たな育児休業期間が終了する日までに、新たな育児休業にかかる子のすべてが、次のいずれかに該当することとなった場合

- 死亡したとき
- 養子となったことその他の事情により当該被保険者と同居しないこととなったとき
- 特別養子縁組が不成立となったときまたは養子縁組里親への委託の措置が解除されたとき

（ニ）　配偶者が死亡した場合

（ホ）　配偶者が負傷、疾病または身体上もしくは精神上の障害

により子を養育することが困難な状態になった場合

(ヘ) 婚姻の解消その他の事情により配偶者が出生後休業の申出にかかる子と同居しないこととなった場合

(ト) 出生後休業の申出にかかる子が負傷、疾病または身体上もしくは精神上の障害により、2週間以上の期間にわたり世話を必要とする状態になった場合

(チ) 出生後休業の申出にかかる子について、保育所等における保育の利用を希望し、申込みを行っているが、当面その実施が行われない場合

(リ) 出生後休業の申出をした被保険者について出向をした日の前日において育児休業をしている場合であって、出向をした日以後も引き続き当該休業をするとき

なお、(リ)は、今回の省令改正により、育児休業給付金を3回以上取得できる事由にも新たに追加された項目です。この点については後述します。

⑤ 出生後休業支援給付金の額

改正雇保法61条の10第6項

出生後支休業支援給付金の額は、以下のとおりです。

休業開始時賃金日額※×対象期間内の出生後休業の日数（上限28日）×13/100

育児休業給付金（180日まで）および出生時育児休業給付金の支給率は67%ですから、それらとあわせて受給した場合、休業開

始前のおおよそ80％の金額が受け取れるということになります。

> ※　条文上は「出生後休業（中略）を開始した日の前日を受給資格に係
> る離職の日とみなして第17条の規定を適用した場合に算定されるこ
> ととなる賃金日額に相当する額」とされています。

⑥　支給申請

改正雇保則101条の42

　出生後休業支援給付金の支給申請の手続きは、育児休業給付金
または出生時育児休業給付金の手続きと併せて行うこととされて
います。これに伴い育児休業給付金および出生時育児休業給付金
の支給申請書が変更され、それぞれ以下のとおりとされます。

〈改正後の支給申請書〉

(イ)　育児休業給付受給資格確認票・（初回）育児休業給付金
　　　／出生後休業支援給付金支給申請書

(ロ)　育児休業給付受給資格確認票・出生時育児休業給付金／
　　　出生後休業支援給付金支給申請書

　また、育児休業給付金または出生時育児休業給付金の支給申請
手続きが終了した後に出生後休業支援給付金の支給要件を満たす
こととなった場合には、「出生後休業支援給付金支給申請書」に
より申請することが可能です。

　出生後休業支援給付金の支給申請に当たっては、③で述べた配
偶者にかかる受給要件を満たしていることまたは法令で定める配
偶者がいない場合等に該当することを証明することができる書類

をハローワークに提出する必要があります。この点について、被保険者が事業主にそれらの書類を提出することを望まない場合は、事業主を経由せず、被保険者本人が支給申請手続きを行うことも可能とされています。

⑦　改正後の受給のイメージ

　改正後は、既存の育児休業給付金または出生時育児休業給付金とあわせて出生後休業支援給付金が受け取れることになります。受給のイメージは図表２－４のとおりです。

▶図表２-４　出生後休業支援給付金と他の給付金の受給イメージ

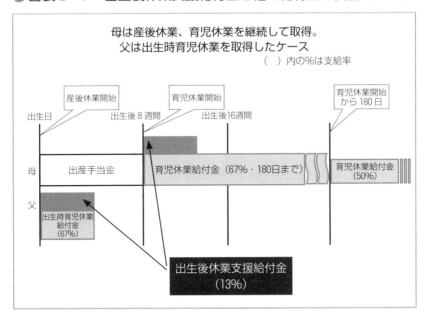

(3) 育児時短就業給付金の創設

> 改正雇用保険法61条の12

> 施行日：2025年4月1日

　2歳未満の子を養育し、育児時短就業（育児短時間勤務）をしている被保険者に対する新たな給付として育児時短就業給付金が創設されます。

① 受給要件

> 改正雇用保険法61条の12、改正雇保則101条の44

　育児時短就業給付金は、2歳未満の子を養育する被保険者が時短就業をしている場合（以下「育児時短就業」という）であって、以下のいずれかに該当する場合に支給されます。

(イ)　原則として育児時短就業（2回以上育児時短就業をする場合は、初回の育児時短就業）開始日前2年間にみなし被保険者期間が12ヵ月以上あること

(ロ)　育児休業給付金または出生時育児休業給付金の支給を受けていた場合であって、それぞれの給付金にかかる育児休業または出生時育児休業終了後に引き続き育児時短就業をしたこと

　なお、(イ)について、出生後休業支援給付金と同様、「前2年間」に疾病・負傷等により引き続き30日以上賃金の支払いを受けなかった場合は、その間の日数を2年間に加算できます（最大4年まで）。疾病・負傷等の事由については、出生後休業支援給付金と同じです（(2)③参照）。

160　第2章　法改正編

②　受給できる期間

改正雇保則101条の43

育児時短就業給付金は、被保険者が初日と末日を明らかにして申し出た期間に基づいて育児時短就業をした場合に支給されますが、次の事由に該当することとなった場合には、その日（(ハ)と(ニ)はその前日）後は支給されません。

(イ)　子の死亡その他の被保険者が育児時短就業の申出にかかる子を養育しないこととなった事由として公共職業安定所長が認める事由が生じたこと
(ロ)　育児時短就業の申出にかかる子が２歳に達したこと
(ハ)　産前産後休業期間、介護休業期間または育児休業期間が始まったこと
(ニ)　新たな２歳未満の子について育児時短就業が始まったこと

③　育児時短就業給付金の額

改正雇保法61条の12第５項・６項

育児時短就業給付金は、高年齢雇用継続基本給付金と同様、支給対象月（育児時短就業を開始した日の属する月から終了した日の属する月までの期間内にある月）ごとに算定されますが、その月の初日から末日まで引き続いて被保険者であり、介護休業給付金、育児休業給付金、出生時育児休業給付金、出生後休業支援給付金を受給できる休業をしなかった月に限るとされています。

給付金の額は、各支給対象月に支払われた賃金額により、以下のとおりとされています。

㈠ 賃金額が《育児時短就業開始時賃金日額×30》の90/100
　を下回る場合
　　⇒支給対象月に支払われた賃金額×90/100
㈡ 賃金額が《育児時短就業開始時賃金日額×30》の90/100
　以上100/100未満の場合
　　⇒支給対象月に支払われた賃金額×10/100から一定の
　　　割合で逓減するように省令で定める率

　「育児時短就業開始時賃金日額」とは、育児時短就業を開始した日の前日を離職の日とみなして算定した賃金日額に相当する額です。ただし、育児休業給付金にかかる育児休業または出生時育児休業給付金にかかる出生時育児休業終了後に引き続き育児時短勤務をする場合は、それぞれの給付金の休業開始時賃金日額が用いられます。

　なお、上記で算定した額に支給対象月に支払われた賃金額を加えた額が支給限度額を超えるときは、支給限度額からその賃金額を減じた額とされます。

④　支給申請

改正雇保則101条の4

　育児時短就業給付金を初めて受けるときは、「育児時短就業給付受給資格確認票・(初回)育児時短就業給付金支給申請書」を支給対象月の初日から起算して4ヵ月以内にハローワークに提出する必要があります。申請の際は、以下の書類を添付することとされています。

162　第2章　法改正編

(イ) 雇用保険被保険者休業開始時賃金月額証明票・所定労働
時間短縮開始時賃金証明票※（休業等開始時賃金証明票）

(ロ) 母子健康手帳

(ハ) 労働者名簿

(ニ) 賃金台帳　　など

※　育児時短就業給付金の創設に伴い「雇用保険被保険者休業開始
時賃金月額証明票」から名称が変更されました。

(4)　その他の省令事項の改正

改正雇保則101条の29の2、101条の33

施行日：2025年4月1日

　出生後休業支援給付金および育児時短就業給付金とは直接関係
がありませんが、省令の改正により、育児休業給付金および出生
時育児休業給付金の取扱いが一部変更されることとなりました。
以下、内容を見ていきましょう。

①　育児休業中に出向となった場合の取扱いの見直し

改正雇保則101条の29の2

　現行では、育児休業中に出向となった場合、出向時に育児休業
が終了し、出向後の事業所で育児休業を分割取得したものとして
取り扱うため、出向後に再度育児休業を取得すると3回目とな
り、育児休業給付金が支給されない取扱いとなっていましたが、
今回の改正により、出向の前後で1日も空かずに休業をしている
ときは、3回目以後についても育児休業給付金が支給されること
となります。

I　育児・介護休業法等の改正概要　163

② 出生時育児休業給付金の支給時期の見直し

【改正雇保則101条の33】

　出生時育児休業給付金の支給申請の時期は、現行では「子の出生日（出産予定日前に出生した場合は出産予定日）から起算して8週間を経過する日」の翌日から、当該日から起算して2ヵ月を経過する日の属する月の末日までとされており、出生時育児休業期間の終了が確定した場合でも、「子の出生日（出産予定日前に出生した場合は出産予定日）から起算して8週間を経過する日」の翌日以後でないと支給申請をすることができません。

　改正後は、(イ)2回目の出生時育児休業が終了した場合はその終了日の翌日、(ロ)休業の日数が28日に達した場合はその達した日の翌日から、当該日から起算して2ヵ月を経過する日の属する月の末日までとされますので、(イ)、(ロ)に該当する場合は、子の出生日から起算して8週間を経過する日の翌日を待たずに給付金の支給申請ができることになります。

Ⅱ 改正法への実務対応

　ここまで育児・介護休業法の改正と雇用保険法の改正について見てきました。改正後の育児に関する制度のイメージは図表2－5のとおりです。ここからは、改正事項を踏まえ、企業の実務的な対応について、施行日順に見ていきましょう。

▶図表2－5　改正後の育児に関する制度のイメージ

法改正事項／☆2025年4月1日施行　★2025年10月1日施行

	出生日	産後8週間	1歳	2歳	3歳	小学校就学始期	小学校3年生

育児休業　　延長

出生時育児休業

子の看護等休暇（子の看護、予防接種、☆学級閉鎖、☆入・卒園式等のための休暇）☆改正による延長

育児短時間勤務

所定外労働の制限（所定外労働をさせない）　☆改正による延長

時間外労働の制限（時間外労働1ヵ月24時間、1年150時間以下）

深夜業の制限（深夜業をさせない）

★柔軟な働き方を実現するための措置

育児目的休暇

始業時刻変更等の措置

育児休業に関する制度

育児短時間勤務

☆在宅勤務等

1　2025年4月1日までに対応すべき事項

　それでは、2025 年 4 月 1 日の施行日までに対応すべき改正事項について見ていきましょう。

(1)　就業規則等の改定

　今回の改正により、子の看護休暇や所定外労働の制限にかかる子の年齢が延長されるなど、現行制度が大きく改正されますので、就業規則や育児・介護休業規程等（以下「規程等」という）の改定が必要です。2025 年 4 月 1 日までに必要となる改定は、以下のとおりです（規定例 1 参照）。なお、規定例については、厚生労働省の規定例から抜粋（一部条数等を変更）しています。厚生労働省の規定例については、全文を**第 4 章**に掲載していますので、参考にしてください。

①　子の看護休暇に関する改定

　子の看護休暇について、以下の点の改定が必要です。

(イ)　子の看護休暇の名称変更

　子の看護休暇は、今回の改正で取得事由が拡大されることに伴い、名称が「子の看護等休暇」に変わります。各種規程等に「子の看護休暇」の記載がある場合は、名称の変更が必要です。

(ロ)　対象となる子の年齢

　子の看護休暇は現行では小学校就学始期までの子を養育する労働者が取得できますが、改正後は「9 歳に達する日以後の最初の 3 月 31 日までの間にある（小学校第 3 学年修了前の）子」となり、休暇の対象労働者が拡大されますので、対象となる子の年齢の変

166　第 2 章　法改正編

更が必要です。

(ハ) 取得事由

子の看護休暇の取得事由は、現行法では、「負傷し、または疾病にかかった子の世話」および「子の予防接種または健康診断を受けさせること」ですが、改正後は以下の事由が追加されますので、取得事由の追加が必要です。

ⓐ	学校保健安全法20条の規定による学校の休業（感染症予防のための学校の臨時休業）
ⓑ	学校保健法19条の規定による出席停止（感染症予防のための出席停止）
ⓒ	保育所等その他の施設または事業における学校保健安全法20条の規定による学校の休業またはⓑに準ずる事由
ⓓ	子の入園、卒園または入学の式典その他これに準ずる式典

(ニ) 労使協定により対象外とすることができる労働者

子の看護休暇は、労使協定を締結することにより一定の労働者を対象外とすることができますが、このうち、「継続して雇用された期間が６ヵ月未満の労働者」の要件が廃止されますので、労使協定により対象外としていた場合は、該当規定の削除が必要です。なお、後述の(2)「労使協定の再締結」も参照してください。

② 所定外労働の制限に関する改定

育児のための所定外労働の制限については、対象となる子の範囲が「３歳に満たない子」から「小学校就学始期に達するまでの

子」に改正されますので、規程等についても改正後の年齢に変更する必要があります。なお、介護のための所定外労働の制限については、変更はありません。

〈規定例1〉

（子の看護等休暇）

第●条

1　小学校第3学年修了までの子を養育する従業員（日雇従業員を除く）は、以下の各号に定める事由のため、就業規則●条に定める年次有給休暇とは別に、当該子が1人の場合は1年間につき5日、2人以上の場合は1年間につき10日を限度として、子の看護等休暇を取得することができる。この場合の1年間とは、4月1日から翌年3月31日までの間とする。

一　負傷し、または疾病にかかった子の世話

二　当該子に予防接種や健康診断を受けさせること

三　感染症に伴う学級閉鎖等になった子の世話

四　子の入園（入学）式、卒園式への参加

　　ただし、労使協定によって除外された、1週間の所定労働日数が2日以下の従業員からの申出は拒むことができる。

　　…以下略…

（所定外労働の制限）

第●条

1　小学校就学の始期に達するまでの子を養育する従業員

168　第2章　法改正編

（日雇従業員を除く）が当該子を養育するため、又は要介護状態にある家族を介護する従業員が当該家族を介護するために請求した場合には、事業の正常な運営に支障がある場合を除き、所定労働時間を超えて労働をさせることはない。

…以下略…

⑵　労使協定の再締結

　子の看護休暇については、2025 年 4 月 1 日以降、「継続して雇用された期間が 6 ヵ月未満の労働者」を労使協定で対象外とすることはできません。このため、労使協定により対象外としている場合は、当該労働者を削除した上で労使協定の再締結が必要になるものと考えられます。改正を踏まえた労使協定例は**第 4 章**に掲載していますので、参考にしてください。

　なお、介護休暇についても同様の改正がありますので、Ⅲ「参考」（179 ページ）を参照してください。

⑶　妊娠・出産等の申出があった場合の個別周知・意向確認の文書の修正

　現行法における妊娠・出産等の申出があった場合の個別周知・意向確認については、雇用保険法の改正に伴い、2025 年 4 月 1 日以降、周知内容に「出生後休業支援給付金」についても労働者に周知する必要があります（改正育介則 69 条の 4）。改正後の周知内容は次のとおりです。

- 育児休業[※]に関する制度
- 育児休業[※]申出の申出先
- 雇用保険の育児休業給付金、出生時育児休業給付金および出生後休業支援給付金に関すること
- 労働者が育児休業[※]期間について負担すべき社会保険料の取扱い

※　出生時育児休業も含む

　このため、個別周知・意向確認について書面等を用いて行っている場合は、書面等に出生後休業支援給付金について追記することが必要です。そのほか、子の看護等休暇、所定外労働の制限等について記載している場合は、2025 年 4 月 1 日の改正法施行に伴い名称の変更や、対象となる子の年齢の修正も行う必要があります。なお、改正育介指針では、育児短時間勤務制度および雇用保険の育児時短就業給付金についても周知することが望ましいとされています。

⑷　出生後休業支援給付金および育児時短就業給付金の手続き準備

　改正後に速やかに手続きができるよう、給付金の対象者の確認や、必要な申請書類および添付書類等の情報収集をしておくことが肝要です。

⑸　育児休業の取得状況の公表

　改正により、労働者数が 301 人以上 1,000 人以下の企業は、施

行日以降、公表する日の属する事業年度の直前の事業年度における①または②のいずれかの割合を自社のホームページや厚生労働省のウェブサイト「両立支援のひろば」において公表する必要があります。

---

①　男性労働者の育児休業等の取得割合
　　育児休業等をした男性労働者の数÷配偶者が出産した男性労働者の数
②　男性労働者の育児休業等と育児目的休暇の取得割合
　　（育児休業等をした男性労働者の数＋小学校就学前の子の育児を目的とした休暇制度を利用した男性労働者の数の合計数）÷配偶者が出産した男性労働者の数

　本改正は、経過措置として「施行日以後に開始する事業年度」から適用されます。例えば、事業年度が4月～3月の場合、施行日である2025年4月1日に適用され、10月～9月の場合は、2025年10月1日から適用されることになります。また、公表の時期については、厚生労働省のリーフレット「2025年4月から、男性労働者の育児休業取得率等の公表が従業員300人超1,000人以下の企業にも義務化されます」において「公表前事業年度終了後、おおむね3ヵ月以内に公表」することとされていますので、前事業年度が4月～3月の会社の場合は、初回の公表は2025年6月末まで、10月～9月の会社の場合は2025年12月末までをめどに公表することになります。各社の事業年度によって公表時期が異なりますので、自社の公表の期限にあわせてデータの準備、必要な計算等をしておくことが必要です。

Ⅱ　改正法への実務対応　171

⑹　その他の検討事項

　2025 年 4 月 1 日に施行される改正では、テレワークの実施に関するものがいくつかあります。いずれも「努力義務」であるなど、必ず施行日までに対応しなければならない事項ではありませんが、必要に応じて制度を導入することを検討するとよいでしょう。

①　育児短時間勤務の代替措置

　事業主は、労使協定により育児短時間勤務の対象外とした労働者に対して、代替措置を講じる必要がありますが、現行の代替措置（育児休業に関する制度に準ずる措置、フレックスタイム制、時差出勤、保育施設の設置運営等）に加え、「在宅勤務等」が追加されます。

②　小学校就学始期に達するまでの子を養育する労働者に関する措置

　現行法では小学校就学始期に達するまでの子を養育する労働者に対して、育児に関する目的のために利用できる休暇制度を設けることや、子の年齢等の区分に応じて定められた措置を講じることが努力義務とされていますが、改正後は新たに 3 歳に満たない子を養育する者で育児休業をしていない労働者に対し、在宅勤務等の措置が追加されます。

2　2025年10月1日までに対応すべき事項

　2025 年 10 月 1 日の施行日までに対応すべき事項としては、次のようなものがあります。

172　第 2 章　法改正編

(1) 柔軟な働き方として講じる措置の検討

　3歳以上小学校就学始期までの子を養育する労働者に対し、柔軟な働き方を実現するための措置を2つ以上講じるため、始業時刻変更等や在宅勤務等の選択肢の中からいずれの措置を実施するのか検討が必要です。前述のとおり、措置を講じるに当たっては、職場の実情を反映するため事業所の業務の性質、内容等に応じて講じる措置の組み合わせを変えたり、それまでの各制度の事業所における活用状況にも配慮することが望ましいとされています。例えば、工場と本社がある会社では、それぞれ異なる組み合わせの措置を講じることも考えられるわけです。また、労働者は、事業主が講じる2以上の措置のうち1つを選択することとされていますが、改正育介指針では、例えば短時間勤務の制度を選択した労働者が、在宅勤務等の措置に準じた措置を利用することができる制度とする等、労働者が選択した措置と併せて、その他の制度を同時に利用できる制度とすることが望ましいとされています。

　なお、すでに事業主が2以上の措置を実施している場合（例えば時差出勤制度と短時間勤務制度）、当該措置を「柔軟な働き方を実現するための措置」として選択することは可能です。ただし、すでに社内で導入している制度であっても、柔軟な働き方を実現するための措置として選択するに当たっては、労働者代表等からの意見を聴取する必要があります。

(2) 労働者代表等の意見聴取

　働き方を実現するための措置を選択し、講じようとするときは、あらかじめ労働者代表等の意見聴取が必要です。意見聴取の方法について詳細は示されていませんが、書面で行うことが望ましいでしょう。なお、改正育介指針では、労働者代表等からの意見を

Ⅱ　改正法への実務対応　173

聴くに当たっては、子を養育する労働者からの意見聴取や労働者に対するアンケート調査も併せて行うことが望ましいとされています。

(3) 労使協定の締結

働き方を実現するための措置を講じるに当たって、入社１年未満の者や、所定労働日数が２日以下の者等を労使協定で制度の対象外とする場合は、その旨の労使協定の締結が必要です。改正を踏まえた労使協定例は**第４章**に掲載していますので、参考にしてください。

(4) 規程等の改定

柔軟な働き方として講じる措置は、始業・終業時刻に関する事項、休暇に関する事項など、いずれも規程等に記載すべき事項ですので、講じる措置の内容、制度利用できる労働者の範囲等について、就業規則等への規定が必要です。具体的な規定例は、規定例２を参照してください。

〈規定例２〉
（柔軟な働き方を実現するための措置）
第●条
1　３歳から小学校就学の始期に達するまでの子を養育する従業員（対象従業員）は、柔軟な働き方を実現するために申し出ることにより、次のいずれか１つの措置を選択して受けることができる。

174　第２章　法改正編

一　始業・終業時刻の繰上げ・繰下げ

　　二　テレワーク

2　1にかかわらず、次のいずれかに該当する従業員から
　の申出は拒むことができる。

　　一　日雇従業員

　　二　労使協定によって除外された次の従業員

　　　㈦　入社1年未満の従業員

　　　㈧　1週間の所定労働日数が2日以下の従業員

3　1の一に定める始業・終業時刻の繰上げ・繰下げの措
　置内容及び申出については、次のとおりとする。

　　一　対象従業員は、申し出ることにより、就業規則第○
　　　条の始業及び終業の時刻について、以下のように変更
　　　することができる。

　　　・通常勤務＝午前8時30分始業、午後5時30分終業

　　　・時差出勤Ａ＝午前8時始業、午後5時終業

　　　・時差出勤Ｂ＝午前9時始業、午後6時終業

　　　・時差出勤Ｃ＝午前10時始業、午後7時終業

　　二　申出をしようとする者は、1回につき1年以内の期
　　　間について、制度の適用を開始しようとする日及び終
　　　了しようとする日並びに時差出勤Ａから時差出勤Ｃの
　　　いずれに変更するかを明らかにして、原則として適用
　　　開始予定日の1か月前までに、育児時差出勤申出書に
　　　より人事担当者に申し出なければならない。

4　1の二に定めるテレワークの措置内容及び申出につい
　ては、次のとおりとする。

　　一　対象従業員は、本人の希望により、1月につき10日

Ⅱ　改正法への実務対応　175

を限度としてテレワークを行うことができる。

二　テレワークは、時間単位で始業時刻から連続又は終業時刻まで連続して実施することができるものとする。

三　テレワークの実施場所は、従業員の自宅、その他自宅に準じる場所（会社の認めた場所に限る）とする。

四　テレワークを行う者は、原則として勤務予定の２営業日前までに、テレワーク申出書により所属長に申し出なければならない。

(5)　個別の意向聴取と配慮に関する準備

　労働者から妊娠・出産の申出があった場合の個別周知・意向確認に加え、就業条件に関する個別の意向を聴取し、労働者の意向に配慮しなければならないこととされるため、意向聴取のための面談や書面等の準備が必要です。

　また、３歳未満の子を養育する労働者に対し、柔軟な働き方の選択をするための個別周知・意向確認および意向聴取・配慮も必要となりますが、３歳未満の子を養育する労働者については、本人の申出がなくても実施する必要があるため注意が必要です。この場合、子の年齢を把握した上で、ある程度実施する時期を決めて、その時点で対象となる労働者に対して実施することが考えられます。

　実施の方法については、面談、書面の交付、ファックス、電子メール等のいずれかとなりますが、周知する事項を漏れなく伝えることや、意向聴取した内容の認識が異なることがないよう、書面を作成することが望ましいでしょう。３歳になる前の個別周知・

意向確認・意向聴取・配慮に関する文書については新たに作成する必要がありますが、妊娠・出産等の申出があった場合の個別周知・意向確認については、すでに書面で行っている場合、その書面に意向聴取する就業条件や、配慮することとなった内容について記載欄を追加で設けること等が考えられます。これらの文書例については、**第4章**に掲載していますので、参考にしてください。

なお、3歳未満の子を養育する労働者に対する個別周知・意向確認・意向聴取・配慮は、子が3歳の誕生日の1ヵ月前までの1年間（1歳11ヵ月に達した日の翌々日から2歳11ヵ月に達する日の翌日まで）に行うこととされていますが、施行日である2025年10月1日時点において、個別周知等の対象となる子の範囲は2022年10月31日から2023年10月30日までに生まれた子となります。施行日である2025年10月1日時点で子が2歳11ヵ月に達する日の翌日を過ぎている場合（子の誕生日が2022年10月30日以前である場合）には、法律上本措置を実施する義務はありませんが、Q&Aでは、制度利用の対象となる小学校就学前までの子をもつ労働者に対して利用可能な制度等に関する個別の周知等をすることが望ましいとされています。

3　企業の対応スケジュール

これまで育児・介護休業法の改正法への実務対応について見てきました。対応に当たっては、施行日までに、書面等の準備や労使協定の締結、意見聴取等必要になる事項が多いため、改正内容を把握した上で、全体のスケジュールを組んで計画的に準備を行うことが必要です。対応スケジュールの例を挙げておきますので、参考にしてください

●図表2-6　企業の対応スケジュール

企業の対応		2025年4/1 （施行日）	2025年10/1 （施行日）
就業規則等の改定	子の看護休暇にかかる改正	規程の改定・届出　→　改正法施行・運用	
	所定外労働の制限にかかる改正	規程の改定・届出　→	
労使協定の締結	子の看護休暇の適用除外協定の再締結	労使協定締結　→	
出生後休業支援給付金および育児時短就業給付金の手続き準備		制度理解・書式等準備　→	
柔軟な働き方として講じる措置の検討・準備		意見聴取　労使協定締結 実施措置等の検討　→ 規程の改定・届出　→	改正法施行・運用
個別周知・意向確認、意向聴取、配慮等	妊娠・出産等の申出があった場合の個別聴取・配慮の書面等の準備	書面等の作成　→	
	子が3歳に達するまでの適切な時期に行う個別周知・意向確認、意向聴取・配慮の準備	書面等の作成　→	

178　第2章　法改正編

Ⅲ 〈参考〉 介護に関する改正

　今回の育児・介護休業法の改正では、育児に関する事項以外に、介護に関する多くの事項が改正されました。産休や育休制度には直接関係がありませんが、いずれも人事・労務の実務に大きく影響する事項ですので、概要について見ていきましょう。

▶介護に関する改正の概要

　介護に関する改正は以下の(1)～(5)のとおりです。なお、施行日は、いずれの改正も2025年4月1日です。

(1) 介護休暇の見直し

改正育介法16条の6第2項

施行日：2025年4月1日

　介護休暇について、子の看護休暇と同様、労使協定で制度利用の対象外とすることができる労働者の要件が見直されます。現行法では、①継続して雇用された期間が6ヵ月未満の労働者、②週の所定労働日数が2日以下の労働者、③業務の性質もしくは業務の実施体制に照らして、厚生労働省令で定める1日未満の単位で休暇を取得することが困難と認められる業務に従事する労働者（時間単位の取得についてのみ）については、労使協定を締結することにより制度利用の対象外とすることができますが、改正後

Ⅲ　参考　介護に関する改正　179

は、①の除外要件が撤廃されます。したがって、改正後は、労働者が入社後すぐに制度利用を希望する場合でも、休暇を取得させる必要があります。

改正法への実務対応としては、労使協定の再締結、規程等の該当規定の削除が必要です。

(2) 介護両立支援制度等の個別周知・意向確認の義務付け

> 改正育介法21条2項、
> 改正育介則69条の3、69条の5、69条の7、69条の8

施行日：2025年4月1日

現行法では、育児休業等に関する制度等については個別の周知および育児休業取得の意向を確認することが義務付けられています（育介法21条1項）が、介護に関する制度については義務付けられていません。改正後は、この「個別周知・意向確認」の仕組みが介護にも適用されます。具体的には、対象家族が介護を必要とする状況に至ったことを申し出たときは、介護休業に関する制度および介護に関する両立支援制度等について個別に知らせるとともに、介護休業取得等の意向を確認する措置が義務付けられます。労働者に周知する内容は、次のとおりとされています。

(イ) 介護休業に関する制度
(ロ) 介護両立支援制度等（以下の制度または措置）
　• 介護休暇に関する制度
　• 所定外労働の制限に関する制度
　• 時間外労働の制限に関する制度

180　第2章　法改正編

- 深夜業の制限に関する制度
- 介護のための所定労働時間の短縮等の措置

(ハ)　介護休業および介護両立支援制度等の申出先

(ニ)　介護休業給付金に関すること

　個別周知・意向確認の方法は、①面談、②書面の交付、③ファクシミリを利用しての送信、④電子メール等の送信のいずれかとされていますが、③、④は労働者が希望した場合に限ります。

　改正法施行日以降、労働者から申出があった場合は上記の個別周知および意向確認が必要となりますので、施行日までに周知用の書面等の準備が必要です。

(3)　介護両立支援制度等の早期の情報提供の義務付け

改正育介法21条 3 項、改正育介則69条の10、69条の11

施行日：2025年 4 月 1 日

　(2)の個別周知・意向確認は労働者から申出があった場合に行う措置ですが、それとは別に、労働者が40歳に達した日の属する年度その他省令で定める期間の始期に達したときは、その労働者に対して、介護休業に関する制度および介護に関する両立支援制度等について知らせる（情報提供する）ことが義務付けられます。情報提供を行う時期は、以下のいずれかとされています。

(イ)　40歳に達した日の属する年度の初日から末日までの期間

(ロ)　40歳に達した日の翌日から起算して 1 年間

Ⅲ　参考　介護に関する改正　181

情報提供を行う事項は、(2)の対象家族が介護を必要とする状況に至った旨の申出があった場合の個別周知の内容と同じです。なお、改正育介指針では、介護休業および介護両立支援制度等と介護保険制度の内容を同時に知ることが効果的であることから、「介護保険制度」についてもあわせて知らせることが望ましいとされています。

情報提供の方法は、①面談、②書面の交付、③ファクシミリを利用しての送信、④電子メール等の送信のいずれかとされています。なお、改正育介則では、個別周知・意向確認の方法と異なり、上記③、④の方法について労働者の希望を条件としていないため、対象者に対し、一律に③、④の方法により情報提供を行うことも可能と考えられます。

(4) 介護両立支援制度等を利用しやすい雇用環境整備の義務付け

改正育介法22条 2 項・ 4 項、改正育介則71条の 3 、71条の 4

施行日：2025年 4 月 1 日

介護休業および介護両立支援制度等を利用しやすい職場環境を整備し、制度利用の申出が円滑に行われるようにするため、介護休業および介護両立支援制度等について、以下の措置のいずれかを講じることが事業主に義務付けられます。

(イ) 介護休業および介護両立支援制度等にかかる研修の実施

(ロ) 介護休業および介護両立支援制度等に関する相談体制の整備（相談窓口の設置等）

(ハ) 介護休業の取得および介護両立支援制度等の利用に関す

る事例の収集および当該事例の提供

㈡　介護休業に関する制度および介護両立支援制度等および介護休業の取得および介護両立支援制度等の利用の促進に関する方針の周知

　なお、上記のいずれか１つの措置を実施すれば法律上は問題ありませんが、雇用環境整備の措置について、改正育介指針では、「可能な限り複数の措置を行うことが望ましい」とされています。

(5)　介護期のテレワークの努力義務化

改正育介法24条4項

施行日：2025年4月1日

　現行法では、事業主は、家族を介護する労働者に関して、介護休業もしくは介護休暇に関する制度または介護のための所定労働時間の短縮等の措置に準じて、介護を必要とする期間、回数等に配慮した必要な措置を講ずるように努めなければならないこととされています。改正後は、それに加えて、対象家族を介護する労働者が利用できる在宅勤務等の措置を講じることが努力義務とされます。

Ⅲ　参考　介護に関する改正　183

第3章

改正法を踏まえた
実務編

はじめに

　第3章では、第2章で解説した改正法を踏まえて、妊娠・出産、産前産後休業、育児休業、育児休業から復帰までの人事労務担当者の実務について、法令で定められた主要な手続きを中心に、時系列に沿って一連の流れで見ていきましょう。なお、文中で◆のマークが付いているものは、書式見本または参考書式を第4章に掲載していますので、併せて確認してください。

I　妊娠等の申出の前に

▶雇用環境の整備

　会社には、育児休業を申出しやすい環境を整備することが義務付けられています。具体的には、以下のいずれかの措置を講じて雇用環境整備を行う必要があります。なお、指針によれば、「可能な限り、複数の措置を行うことが望ましい」とされています。

- 育児休業にかかる研修の実施
- 育児休業に関する相談体制の整備（相談窓口の設置等）
- 雇用する労働者の育児休業の取得に関する事例の収集および当該事例の提供
- 雇用する労働者に対する育児休業に関する制度および育児休業の取得の促進に関する方針の周知

　育児休業は業務配分の見直しや引継ぎ等、会社としても準備が必要です。特に男性の育児休業等は本人が申し出るまで育児休業取得の意向が把握できないケースも考えられるため、日ごろから育児休業の取得等について相談しやすい環境を整えておくことが重要です。

Ⅱ 妊娠・出産等の申出から産前6週間まで

1 個別周知・意向確認

　労働者本人またはその配偶者について妊娠・出産等の申出があった場合、育児休業に関する制度の個別周知と育児休業の取得の意向確認を行います。制度の周知や意向確認は、①面談（オンライン面談可、ただし音声のみ不可）、②書面の交付、③ファックス、④電子メール等（③、④については労働者が希望する場合に限る）により行うこととされています。

　個別周知の内容は、女性の場合、育児休業だけでなく出産前後に適用される制度についても周知することが望まれますので、周知の際は、男女で適用される制度の違いがわかるようにしておく必要があるでしょう。個別周知・意向確認の文書例◆は第4章に載せています。

　また、今後の産前産後休業や育児休業までのスケジュールを立てるためにも、この時点で出産予定日や、本人の意向がはっきりしている場合は産前産後休業や育児休業の開始日の希望を確認しておくようにしましょう。この時点で確認できない場合は、日程が決まり次第申し出てもらうようにします。

2　意向聴取・配慮

2025年10月1日以降

　改正法により、2025年10月1日以降、労働者から妊娠・出産等の申出があった場合、個別周知・意向確認に加え、仕事と育児の両立にかかる就業条件に関する労働者の個別の意向を聴取し、聴取した意向に配慮する必要があります。意向聴取の方法および実施するタイミングは1の個別周知・意向確認と同様であるため、併せて実施することが考えられます。意向聴取する就業条件は始業および終業の時刻にかかることや、就業の場所にかかること等一定の事項が省令で定められているため、漏れなどがないよう、書面等を作成することが望ましいでしょう。個別聴取の文書例◆は第4章に載せています。

　なお、配慮については、聴取した意向（労働者の希望等）を検討した結果、意向に沿った対応ができない場合は、その理由を当該労働者に説明するなど丁寧な対応が求められます。

3　妊娠に関する母性健康管理措置等（出産する女性労働者のみ）

　妊娠中の女性労働者から男女雇用機会均等法に定める以下の母性健康管理措置に関する請求があった場合は休暇の付与その他の措置を講じなければなりません（第1章3ページ参照）。母性健康管理措置への対応に当たっては、「母性健康管理指導事項連絡カード」◆を用いて、女性労働者に必要な事項を申し出てもらうとよいでしょう。

Ⅱ　妊娠・出産等の申出から産前6週間まで　189

(1) 妊娠中の通院休暇

妊娠中の女性に対し、通院休暇を与える必要のある時期および回数は下記のとおりです。

妊娠23週まで	4週間に1回
妊娠24週から35週まで	2週間に1回
妊娠36週から出産まで	1週間に1回
※ 医師等が上記と異なる指示をしたときは、その指示による回数	

(2) 医師等の指導事項を守ることができるようにするための措置

医師等から指導があった場合、下記のうち必要とされる措置を講じる必要があります。

- 妊娠中の通勤緩和（時差出勤、勤務時間の短縮等）
- 妊娠中の休憩時間の延長、回数の増加等
- 妊娠中または出産後の症状等に対応する作業の制限、勤務時間の短縮、休業等

4 妊娠に関する母性保護措置（出産する女性労働者のみ）

妊娠中の女性労働者から、労基法に定める下記の母性保護措置（第1章7ページ参照）に関する請求があった場合、それぞれ対応が必要です。

(1) 時間外労働・休日労働・深夜業の制限

　妊娠中の女性労働者から請求があった場合は、時間外労働（法定労働時間を超える時間の労働）・休日労働（法定休日の労働）・深夜業（午後10時から午前5時までの労働）をさせることはできません。

(2) 軽易業務への転換

　妊娠中の労働者から請求があった場合は、他の軽易な業務へ転換させる必要があります。この場合、新たに軽易な業務を創設してまで転換させる義務はありません。

(3) 危険有害業務の就業制限等

　妊婦を坑内業務その他危険または有害とされる一定の業務に就かせることはできません（一定の業務については第1章図表1－2参照）。就業制限の業務に就いている場合、当該業務のみ担当から外したり、配置転換等を行うなどの対応が必要になります。

5　業務体制の見直し

　女性労働者が産前休業に入る前に、業務の担当の見直しや引継ぎ、必要に応じて代替要員の確保など、直前になってあわてることのないよう準備を進めておきましょう。

Ⅲ 産前6週間から出産まで

1 産前休業（出産する女性労働者のみ）

　妊娠中の労働者は、請求により産前6週間（多胎妊娠の場合は14週間）から産前休業が可能です。産前産後休業の期間の考え方は第1章を参照してください（第1章10ページ参照）。

　産前休業はあくまで本人が請求した場合に休業させればよく、産前6週間について必ず休業させなければならないわけではありません。本人が就業を希望する場合は、任意の期間（例：産前4週間等）からの休業とすることも可能です。

■産前休業にかかる社会保険手続き（女性労働者のみ）

　産前産後休業期間中は健康保険料と厚生年金保険料が免除されます。保険料免除を受けるためには、「健康保険・厚生年金保険産前産後休業取得者申出／変更（終了）届」（以下「申出書」という）に必要事項を記入して日本年金機構に提出する必要があります。なお、健康保険組合に加入している場合は、日本年金機構と健康保険組合の両方に提出が必要です。健康保険組合の場合は所定の様式がある場合がありますので、留意してください。

　申出書は、産前休業に入った際に提出しましょう。届出は産前産後休業期間中または産前産後休業の終了日から起算して1ヵ月以内の期間中に行う必要があります。申出書の様式は日本年金機

192　第3章　改正法を踏まえた実務編

構のホームページでダウンロードが可能です。

2 出生時育児休業に関する申出 （主に男性労働者）

　子の出生後8週間以内に4週間まで休業できる出生時育児休業 （第1章41ページ）の申出が可能です。

(1) 出生時育児休業の申出

　出生時育児休業は子の出産予定日から取得できますので、所定 の申出期限（原則として2週間前まで。労使協定を締結した場合 は1ヵ月前までの期間）までに申し出てもらうようにします。

　なお、出生時育児休業は2回に分割して取得することが可能で すが、その場合、初回の申出時に2回分の申出をすることとされ ていますので、分割取得の希望がないか、申出時に労働者の意向 をよく確認するようにしましょう。

　出生時育児休業の申出は、基本的に育児休業と同様、希望する 休業開始予定日と終了予定日その他必要な事項について以下のい ずれかの方法により行う必要があります。ただし、②、③につい ては事業主が適切と認めた場合に限ります。

---

　①　書面の提出

　②　ファックスの送信

　③　電子メール等の方法（記録を出力することにより書面を 作成することができるものに限る。LINE、Facebook 等 の SNS メッセージ機能の利用可）

Ⅲ　産前6週間から出産まで　193

また、申出を受けた事業主は、速やかに所定の事項を労働者に通知する必要があります。この通知方法は上記申出の方法と同じですが、②、③については労働者が希望する場合に限ります。
　これらの書式の例（出生時育児休業申出書、出生時育児休業取扱通知書）◆は第4章を参照してください。

(2) 出生時育児休業中の就業の申出

　労使協定を締結した場合、出生時育児休業中は一定範囲内で就業が可能です（第1章47ページ参照）。就業の申出期限は休業開始予定日の前日までとされていますが、休業後の業務の配分等にも関わりますので、就業の意向がある場合は、出生時育児休業の申出後なるべく早めに申出をしてもらうよう働きかけておきましょう。就業の申出の流れは次のとおりです（図表3-1）。

▶図表3-1　出生時育児休業期間中の就業の申出の流れ

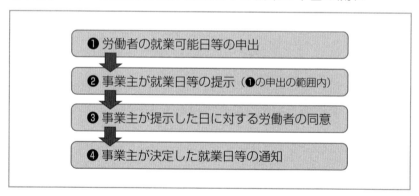

　図表3-1中、❶の労働者の申出、❷の事業主の提示、❸の労働者の同意、❹の事業主の通知は、すべて出生時育児休業の申出と同様の方法（書面の提出、ファクシミリの送信、電子メール等

の送信）によることとされ、このうちファクシミリと電子メール
の送信の方法は、❶、❸については事業主が適切と認める場合、
❷、❹については労働者が希望する場合に限られています。それ
ぞれの書式例◆は第4章に掲載しています。

Ⅲ　産前6週間から出産まで　195

Ⅳ 子の出生から産後8週間まで

1 子の出生と健康保険の被扶養者とする手続き

　出生した子を健康保険の被扶養者（第1章109ページ参照）とする場合は、保険者（日本年金機構または健康保険組合）に対して「被扶養者（異動）届」を提出する必要があります。子の健康保険証の発行に関わる手続きですので、出生後なるべく早く行いましょう。手続きに当たっては、子のマイナンバー等が必要になる場合がありますので、事前に手続きに必要な書類や情報について保険者に確認しておくことが望まれます。このように出生日の確定は、被扶養者の手続きのほか、産後休業の期間や育児休業開始日等にも関わりますので、子が出生したら速やかに労働者に報告してもらうようにしましょう。

2 産後休業（出産する女性労働者のみ）

　出産をした女性労働者は、原則として産後8週間は休業させなければなりません。ただし、産後6週間を経過した女性労働者が就業を希望する場合で、医師が支障がないと認めた業務に就かせることは問題ありません（第1章11ページ参照）。なお、産後休

業後職場復帰した場合の手続きや留意点は本章「Ⅶ　職場復帰後」を参照してください。

■産後休業にかかる社会保険手続き

①　健康保険・厚生年金保険料の免除の申出・変更の申出

　産前産後休業期間中は健康保険料と厚生年金保険料が免除されます。産前休業期間中に保険料免除の申出をしなかった場合は、産後休業期間中に提出をしておきましょう。

　また、産前休業期間中に申出書を提出した場合で、子が出生した日が出産予定日と異なる場合は、出生日や変更後の免除期間を記入して「変更届」を提出します（書式は申出時と同じ）。

②　出産育児一時金

　健康保険の被保険者が出産したときは、健康保険から出産育児一時金が支給されます（第1章103ページ参照）。手続きは、(イ)直接支払制度を利用する場合、(ロ)受取代理制度を利用する場合、(ハ)いずれの制度も利用しない場合で異なります。それぞれの手続きの流れは以下のとおりです。

(イ)　直接支払制度を利用する場合

ⓐ　被保険者が医療機関等に対し、直接支払制度を利用することに対する合意文書を提出します。合意文書は医療機関から提示されます。

ⓑ　出産後、医療機関等から費用の明細書が交付されます。出産費用が出産育児一時金の額である50万円※以内である場合は被保険者の支払いはありません。一方、費用が50万円※を超えているときは、被保険者はその差額を医療機関

Ⅳ　子の出生から産後8週間まで　197

等に支払います。

ⓒ 出産費用が50万円※未満の場合、または健康保険組合の付加給付があるときは、被保険者は所定の申請書（「健康保険出産育児一時金差額申請書」等）により、保険者に対して差額または付加給付の支給申請をします。

※ 産科医療補償制度に加入していない医療機関で出産したときは48.8万円

ⓒの手続きについては、被保険者に出産費用等について確認をした上で手続きの案内をする必要があります。なお、付加給付のある健康保険組合の場合は必ず必要な手続きとなりますので、忘れず事前に案内しておきましょう。

㋺ 受取代理制度を利用する場合

ⓐ 被保険者が「出産育児一時金支給申請書（受取代理用）」に記入し、医療機関等（受取代理人）の欄に記入してもらった上で、保険者に提出します。

ⓑ 出産後、出産費用が出産育児一時金の額である50万円※以内である場合は被保険者の支払いはありません。一方、費用が50万円※を超えているときは、被保険者はその差額を医療機関等に支払います。

ⓒ 出産費用が50万円※未満の場合、または健康保険組合の付加給付があるときは、保険者から被保険者に対してⓐの申請時に記入した被保険者自身の口座に差額または付加給付が振り込まれます。

※　産科医療補償制度に加入していない医療機関で出産したときは
　　48.8万円

　受取代理制度の場合は、事前に受取代理用の出産育児一時金支給申請書の提出が必要となります。また、事前に申請書を提出するため、出産費用が50万円未満だった場合等に改めて申請する必要はありません。

（ハ）　直接支払制度、受取代理制度いずれも利用しない場合
　直接支払制度および受取代理制度のいずれも利用しない場合は、出産をした医療機関等に出産費用を全額支払います。その後「健康保険被保険者／家族出産育児一時金支給申請書」に医師等の証明を受けた上で、保険者に提出します。

③　出産手当金（出産する女性労働者のみ）
　健康保険の被保険者が出産のため会社を産前産後の期間休業し、その間の賃金が支給されない場合に、所得補償として健康保険から出産手当金が支給されます（第1章104ページ参照）。出産手当金は、一般的には次のような流れで手続きを行います。

（イ）　被保険者が「健康保険出産手当金支給申請書」に必要事項を記入し、同申請書の医師等の記入欄に証明（出生日の証明等）を受けた上で、事業主に提出します。
（ロ）　事業主は被保険者の休業期間中の勤怠状況、賃金の支払状況などを証明し、保険者に提出します。
（ハ）　後日、被保険者の指定口座に出産手当金が振り込まれます。

Ⅳ　子の出生から産後8週間まで　199

上記のとおり医師等の証明が必要になることから、スムーズに
手続きを進めるために、産前休業に入る際にあらかじめ支給申請
書を本人に渡しておくとよいでしょう。申請は、申請期間中の勤
怠や賃金支払状況の証明が必要な関係から、産後休業終了後（産
後56日経過後）に産前産後休業期間をまとめて１回で申請しま
す。なお、複数回に分けて申請することも可能ですが、事業主の
証明と医師等の証明は毎回必要です（医師等の証明については、
１回目の申請が出産後であって、証明により出産日等が確認でき
る場合は、２回目以降の申請は不要）。

3　出生時育児休業（主に男性労働者）

　出生時育児休業は、子の出生後８週間以内の期間（対象期間）
のうち、４週間（28日）以内の休業をすることができる制度です
（第１章41ページ参照）。出生時育児休業を申し出た労働者はこの
時期に出生時育児休業を開始します（出産予定日より出産が遅れ
た場合は、出産予定日から開始）。出生時育児休業は、就業期間
があったり、分割で取得する場合があるので、これらの時期をよ
く把握しておくことが重要です。

■出生時育児休業にかかる社会保険手続き

　出生時育児休業にかかる社会保険手続きは次のとおりです。な
お、出生時育児休業後に職場復帰した場合の手続きについては
「Ⅶ　職場復帰後」を参照してください。

200　第3章　改正法を踏まえた実務編

①　健康保険・厚生年金保険料の免除の申出

　出生時育児休業は、健康保険および厚生年金保険の育児休業中の保険料免除（第1章109ページ参照）における「育児休業等」に当たりますので、期間中、申出をすれば健康保険料と厚生年金保険料が免除されます。申出手続きは、「育児休業等取得者申出書（新規・延長）／終了届」に必要事項を記入して、日本年金機構に提出します。健康保険組合に加入している場合は、健康保険組合にも提出が必要です。

　一方、保険料は月の末日時点で休業をしているか、14日以上の期間がなければ免除の対象とはならないため、休業が短期間である場合、保険料免除の要件を満たさないケースが想定されます。出生時育児休業は分割して取得することが可能ですが、その取得の都度、保険料の免除対象となるか否かに注意し、免除の対象とならない場合は本人に伝えておくようにしましょう。なお、同月内の短期間の休業の取得については通算して14日以上であれば保険料免除の対象となります。

　また、賞与については、1ヵ月超の休業の場合のみ保険料が免除されますが、出生時育児休業のみ取得する場合は、4週間（28日間）の取得が限度であるため、基本的に毎月の給与から徴収される保険料は免除されても、期間内に支給された賞与の保険料は免除されません。

②　出産育児一時金

　健康保険の被保険者または被扶養者が出産したときは、健康保険から出産育児一時金が支給されます（第1章103ページ参照）。出生時育児休業をする労働者の場合、被扶養者である配偶者が出産したときは、出産育児一時金の請求が可能です。ただし、当該

配偶者が「資格喪失後の給付」が受けられる場合等は、本人か配偶者のいずれか一方のみ請求できます。それぞれの請求の方法および手続きの流れは、「産後休業にかかる社会保険手続き」（197ページ）を参照してください。

※　資格喪失後の給付：１年以上被保険者期間がある者が資格喪失（退職）後６ヵ月以内に出産したときは出産育児一時金を受けられます。

③　出生時育児休業給付金

　雇用保険の被保険者が一定の要件を満たす場合、「出生時育児休業給付金」が支給されます（第１章119ページ参照）。

　出生時育児休業給付金の支給申請は、原則として「子の出生の日から起算して８週間を経過する日の翌日」から「２ヵ月経過日が属する月の末日」までに行うこととされていますが、省令の改正により、2025年４月１日以降は、２回目の出生時育児休業が終了した場合は終了した日の翌日、休業の日数が28日に達した場合は28日に達した日の翌日から、当該日から起算して２ヵ月を経過する日の属する月の末日までとされます。例えば、２回目の出生時育児休業が終了した日が５月10日だとすると、７月末日までということになります。申請時期が到来したら速やかに手続きを行うようにしましょう。出生時育児休業給付金は次の書類に必要事項を記入して、会社を管轄するハローワークに提出することにより行います。

- 育児休業給付受給資格確認票・出生時育児休業給付金／出生後休業支援給付金支給申請書※
- 休業開始時賃金月額証明書

- 添付書類（母子健康手帳のコピー、賃金台帳、出勤簿等）
- ※ 出生後休業支援給付金の創設に伴い申請書の名称が変更された

④ 出生後休業支援給付金

2025年4月1日以降

　夫婦ともに育児休業を取得した際に、一定の要件を満たした場合は③の出生時育児休業給付金の上乗せ給付として、出生後休業支援給付金を受け取ることができます。この給付金は、原則として出生時育児休業給付金と同じ支給申請書で申請することとされていますので、出生時育児休業給付金を申請するまでに、本給付金の対象となるか否かについて、配偶者の状況等に応じた必要な添付書類等を確認しておきましょう。

4　育児休業の申出

(1)　申出の方法

　産後8週間の時期は、出産した女性の場合は産後休業期間中であり、男性の場合は主に出生時育児休業を取得している期間ですが、いずれの場合も産後8週間経過後に復帰するか、引き続き育児休業をするかを遅くともこの時期には確認し、育児休業を希望する場合は1ヵ月前までに申し出てもらうようにします。

　育児休業の申出は、希望する休業開始日等の必要な事項について以下のいずれかの方法により行う必要があります。ただし、②、③については事業主が適切と認めた場合に限ります。

> ① 書面の提出
> ② ファックスの送信
> ③ 電子メール等の方法（記録を出力することにより書面を作成することができるものに限る。2022年4月1日以降はLINE、Facebook等のSNSメッセージ機能の利用可）

　また、申出を受けた事業主は、速やかに所定の事項を労働者に通知する必要があります。この通知方法は前記申出の方法と同じですが、②、③については労働者が希望する場合に限ります。これらの書式の例（育児休業申出書、育児休業取扱通知書）◆は第4章を参照してください。

　なお、育児休業を2回取得する場合、出生時育児休業と異なり、初回の申出時に2回分の申出をすることは義務とされていませんが、その場合でも業務配分や代替要員の確保等の関係から、2回に分割して取得する予定があるか否かについて、確認しておくとよいでしょう。

(2)　事業主が開始予定日を指定する場合

　育児休業の申出が、1ヵ月前（または特別な事情がある場合で1週間前）より遅れたときは、一定の範囲内で事業主が開始日を指定できます（第1章33ページ参照）。この場合は原則として申出のあった日の翌日から起算して3日を経過する日までに労働者に開始予定日を通知する必要があります。

(3)　繰上げ、繰下げ、撤回その他の申出

　育児休業の開始予定日の繰上げ・終了予定日の繰下げ、撤回の

申出等を行う場合も、労働者は育児休業の申出と同じように書面等により申出手続きをする必要があり、申出を受けた事業主は所定の事項について取扱いを通知する必要があります。この書式例◆については第4章を参照してください。

Ⅴ 産後8週間後～1歳

1 育児休業

　子を養育する労働者は子が1歳に達する日（パパ・ママ育休プラスの場合は1歳2ヵ月）まで休業することができます（第1章14ページ参照）。

(1) 育児休業の分割取得
　育児休業の回数は、2022年10月1日の改正以降、2回まで可能とされています。2回取得する場合は原則としてその都度、下記の社会保険手続きが必要となるので、休業期間と手続時期を把握し、手続き漏れなどないようにしましょう。

(2) 育児休業にかかる社会保険手続き
　育児休業にかかる社会保険手続きは次のとおりです。なお、育児休業から復帰した後の社会保険手続きは本章「Ⅶ　職場復帰後」を参照してください。

① 健康保険・厚生年金保険料の免除の申出
(イ) 保険料免除の申出
　育児休業期間中は、申出により（第1章109ページ参照）健康

保険料と厚生年金保険料が免除されます。申出手続きは、「育児休業等取得者申出書（新規・延長）／終了届」に必要事項を記入して、日本年金機構に提出します。健康保険組合に加入している場合は、健康保険組合にも提出が必要です。なお、育児休業を2回に分割して取得する場合、原則として休業を取得するたびに申出書を提出する必要があります。

　また、1回の育児休業期間が短い場合、保険料は月の末日時点で休業をしているか、14日以上の期間がある場合には、保険料免除の対象となります。賞与については、1ヵ月超の休業の場合のみ保険料が免除されますので、休業期間が1ヵ月未満の場合は、毎月の給与から徴収される保険料は免除されても、期間内に支給された賞与の保険料は免除されません。給与計算の実務にも影響しますので、制度内容を把握しておきましょう（第1章109ページ参照）。

②　育児休業給付金

㈠　育児休業給付金の申請

　雇用保険の被保険者が一定の要件を満たす場合、「育児休業給付金」が支給されます（第1章111ページ参照）。育児休業給付金の支給申請は2ヵ月に1回、2つの支給単位期間（2ヵ月分）をまとめて申請するようにします。

　初回の申請は、2つ目の支給単位期間の末日の翌日、つまり育児休業開始日より2ヵ月が経過した日から可能です。初回申請時は次の書類に必要事項を記入して、会社を管轄するハローワークに提出します。

- 育児休業給付受給資格確認票・（初回）育児休業給付金／出生後休業支援給付金支給申請書
- 休業開始時賃金月額証明書
- 添付書類（母子健康手帳のコピー、賃金台帳、出勤簿等）
- ※　出生後休業支援給付金の創設に伴い申請書の名称が変更された

　２回目以降の申請は２ヵ月経過ごとに、下記の書類を提出します。

- 育児休業給付金支給申請書
- 添付書類（母子健康手帳のコピー、賃金台帳、出勤簿等）

　育児休業給付金の初回の申請は、育児休業開始日から４ヵ月を経過する日の属する月の末日までに行う必要がありますので、これより遅れないように注意しましょう。例えば、育児休業開始日が５月10日の場合、9月末日までということになります。

　２回目以降は前回申請時にハローワークから交付される通知書に次回の支給単位期間と申請期限が印字されていますので、その期間中に申請を行います。

　育児休業を分割取得する場合、１回目の育児休業が終了した後に再度育児休業を取得した場合も育児休業給付金が支給されます。手続きについては基本的に従来と同様ですが、支給要件（受給資格確認）の確認は１回目の休業時のみ行いますので、再度育児休業を取得した場合の初回の支給申請については、「育児休業給付金支給申請書」により行うこととなり、「育児休業給付受給

資格確認票・（初回）育児休業給付金／出生後休業支援給付金支給申請書」および「休業等開始時賃金月額証明書」の提出は不要です。

③　出生後休業支援給付金

> **2025年4月1日以降**

　夫婦ともに育児休業を取得した際に、一定の要件を満たした場合は②の育児休業給付金の上乗せ給付として、出生後休業支援給付金を受け取ることができます。この給付金は、原則として育児休業給付金と同じ支給申請書で申請することとされていますので、育児休業給付金を申請するまでに本給付金の対象となるか否かについて、配偶者の状況等に応じた必要な添付書類等を確認しておきましょう。

2　育児休業期間の確認・育児休業の延長の申出

　復帰の時期が近づいてきたら、予定どおり復帰が可能か確認しましょう。子が1歳に達する日において保育所等に入所できない場合や、配偶者が死亡、負傷、疾病等により子を養育することが困難になった場合は、育児休業を1歳6ヵ月まで延長することができます（第1章22ページ参照）。労働者が育児休業の延長を希望する場合は、原則として2週間前までに延長の申出をする必要があります。延長の申出方法および事業主の通知については「1　育児休業」と同じです。第4章の書式例では育児休業と同じものを用いて申請することができます。

　また、保育所等に入所できないことを理由に育児休業を延長す

V　産後8週間後〜1歳　209

る場合は注意が必要です。育児休業を延長した期間も雇用保険の育児休業給付金は支給されますが、この場合の保育所等に入所できない事情とは、次の２つの要件を満たす必要があります。

①　市区町村で保育所等の入所申込みを子の１歳の誕生日の前日までに実際に行うこと
②　入所申込時に入所希望日を１歳の誕生日以前とすること

この２つの要件を満たさない場合、育児休業給付金は支給されません。例えば、以下のようなケースは１歳到達日後の育児休業給付金は支給されないので注意するようにしましょう。

- 保育所は入所困難と判断し、市区町村に申込みを行わなかった。
- 市区町村の入所申込締切に間に合わなかった等の理由で、申込みの際に子の１歳の誕生日の翌日以降を入所希望日とした。

また、保育所等への入所意思がないにもかかわらず、給付延長のために入所申込みを行うケースを対象外とするため、2025年４月１日以降、延長の要件として「速やかな職場復帰を図るために保育所等における保育の利用を希望していると公共職業安定所長が認める場合に限る」ことが追加されます（改正雇保則101条の25）。この改正に基づき育児休業給付金の期間延長手続きの審査が厳格化され、合理的な理由なく自宅や職場から遠隔地の保育所

等のみに申込みを行っていないことや、申込み時に入所保留となることを希望する旨の意思表示を行っていないことを確認するため、延長申請時の証明書類として、現行の保育所の入所不承諾通知書等のほか、以下の書類を提出する必要があります。

- 育児休業給付金支給対象期間延長事由認定申告書
- 市区町村に保育所等の利用申込みを行ったときの申込書の写し

　このため、子が1歳に達する日まで育児休業の申出をしている労働者については、なるべく早い時期に本人に延長の意向や延長する場合の必要な手続きについて案内しておくとよいでしょう。

Ⅵ ｜ 1歳到達日後

▶1歳到達日後の休業（1歳〜1歳6ヵ月、1歳6ヵ月〜2歳の育児休業）

　子が1歳に達する日（1歳6ヵ月〜2歳の育児休業の場合は1歳6ヵ月に達する日）において保育所等に入所できない場合や、配偶者が死亡、負傷、疾病等により子を養育することが困難になった場合は、2週間前までに申出をすることにより、育児休業を子が1歳6ヵ月（1歳6ヵ月〜2歳の休業の場合は2歳）に達する日まで延長することができます（第1章22ページ参照）。

　1歳〜1歳6ヵ月の育児休業と1歳6ヵ月〜2歳の育児休業は、それぞれ申出手続きが必要です。申出の手続きはⅤ「1　育児休業」と同じです。また、申出が遅れたことにより事業主が開始予定日を指定する場合や、終了予定日の繰下げ、撤回の申出手続きについても1歳までの育児休業と同様に書面等で手続きを行う必要があります。なお、特別な事情がある場合は、一度育児休業（1歳到達日後の育児休業を含む）が終了した後であっても再度の取得ができます。また、休業開始日が、原則の1歳（1歳6ヵ月）に達する日以外にも、配偶者と入れ替わりで休業開始することが認められており、休業開始日が柔軟化されています（第1章24ページ参照）。

212　第3章　改正法を踏まえた実務編

■1歳到達日後の育児休業にかかる社会保険手続き

　1歳到達日後の育児休業にかかる社会保険手続きは次のとおりです。なお、復帰した後の社会保険手続きは、「Ⅶ　職場復帰後」を参照してください。

①　健康保険・厚生年金保険料の免除の申出

㈮　保険料免除の申出

　1歳到達日後の育児休業の延長期間についても健康保険・厚生年金保険料は免除されますが、1歳～1歳6ヵ月の育児休業および1歳6ヵ月～2歳の育児休業それぞれについて申出を行う必要があります。申出手続きは、「育児休業等取得者申出書（新規・延長）／終了届」に必要事項を記入して、日本年金機構（年金事務所）に提出します。健康保険組合に加入している場合は、健康保険組合にも提出が必要です。申出手続きは、1歳到達日後の休業期間に入ったら速やかに行いましょう。提出が遅れる場合でも、遅くとも休業期間が終了するまでに行う必要があります。

　2022年10月1日に施行された改正法により、1歳までの育児休業を延長するだけではなく、配偶者と交代して取得したり、特別な事情がある場合は子が1歳に達する前に育児休業を終了していても申出ができるなど、1歳到達日後の育児休業を取得できる事由が広がったほか、開始日が1歳に達する日の翌日からとは限らなくなりました。このため、免除の申出の手続きを漏れのないよう、確実に行うことが肝要です。

② 育児休業給付金

(イ) 育児休業給付金の延長

1歳到達日後の育児休業をする場合、「育児休業給付金」も継続して支給されます（第1章111ページ参照）。ただし、保育所等に入所できないために延長する場合、Ⅴ「2　育児休業期間の確認・育児休業の延長の申出」にあるとおり、1歳の誕生日以前を入所希望日として、市区町村に保育所等の申込みを行っていること等が必要です。

延長する場合は、1歳に達する前の育児休業給付金の最後の申請時の「育児休業給付金支給申請書」に延長事由と延長期間を記載し、確認書類として、賃金台帳、出勤簿のほか延長事由により下記の書類を添付してハローワークに提出します。確認書類は延長の事由により次のとおりとされています。

- 保育所等に入れない事情がある場合
  - →・市町村が発行した保育所等の入所保留の通知書等の写し
    - 育児休業給付金支給対象期間延長事由認定申告書
    - 市区町村に保育所等の利用申込みを行ったときの申込書の写し
- 配偶者が死亡したときまたは婚姻の解消等により育児休業の申出にかかる子と同居しないこととなったとき
  - →世帯全員について記載された住民票の写しおよび母子健康手帳のコピー
- 負傷、疾病等の事由により育児休業の申出にかかる子を養育することが困難な状態となったとき

214　第3章　改正法を踏まえた実務編

→配偶者の状態についての医師の診断書等

• 配偶者が 6 週間（多胎妊娠の場合は14週間）以内に出産する予定であるかまたは産後 8 週間を経過しないとき（いわゆる産前産後休業期間中）
→母子健康手帳のコピー

なお、配偶者が子が 1 歳に達するまでの休業をして、その翌日から本人が 1 歳到達日以後の休業を取得する場合等、はじめて育児休業給付金を申請する場合は、初回申請時は次の書類の提出が必要です。

• 育児休業給付受給資格確認票・（初回）育児休業給付金／出生後休業支援給付金支給申請書
• 休業開始時賃金月額証明書
• 添付書類（母子健康手帳のコピー、賃金台帳、出勤簿等）

また、2022年10月 1 日に施行された改正法により 1 歳到達日後の育児休業開始日が柔軟化されたため、例えば、 1 歳までの育児休業を 3 ヵ月間取得した後に、配偶者と交代して 1 歳 3 ヵ月から 1 歳到達日後の育児休業を取得するといったパターンも考えられます。このような場合でも、新たに受給資格要件を確認したり休業開始時賃金日額を算出したりするのではなく、あくまで最初の育児休業給付金の延長として扱われます。

Ⅵ　1 歳到達日後　215

Ⅶ 職場復帰後

1 子育て中の就業に関する制度の適用

　職場復帰後は、労働者が養育する子の年齢により、育児・介護休業法に定める様々な制度の適用があります。ここでは必要な請求手続き等について見ていきます。それぞれの制度の詳細は第1章を参照してください。

(1) 子の看護等休暇［小学校第3学年修了前の子］

　子の看護等休暇は、2025年4月1日以降、法改正により対象となる子の範囲が小学校第3学年修了前までに拡大されるほか、取得事由も追加されます。改正の詳細は第2章135ページを参照してください。

　休暇の申出は、次の事項を明らかにして申出をする必要があります。

2025年4月1日以降

---

①　労働者の氏名

②　申出にかかる子の氏名および生年月日

③　子の看護等休暇を取得する年月日（時間単位で取得する場合は開始および終了の時刻も申出が必要）

④　申出にかかる子が負傷し、もしくは疾病にかかっている

216　第3章　改正法を踏まえた実務編

> 事実、または疾病の予防を図るために必要な世話を行う旨

　この申出は法令上必ずしも書面で行う必要はありませんが、会社の運用上、書面による申出とすることも可能です。また、事業主は④の事実を証明する書類の提出（医療機関等の領収書や市町村からの健康診断の通知の写し等）を求めることができます。ただし、証明書類を提出しなかったからといって休暇を取得させないことはできません。

　なお、事前に書面により申し出ることを原則とする場合でも、子の看護休暇は必ずしも書面による申出が必要とされておらず、また子の疾病等急を要する場合も少なくないことから、通達により、休暇当日の電話等による申出も可能とし、書面の提出は後日でもよいこととすべきとされています。

(2)　所定外労働の制限、時間外労働の制限、深夜業の制限 ［小学校就学始期までの子］

　労働者が所定外労働の制限、時間外労働の制限、深夜業の制限を受けようとする場合は、制限を開始しようとする日または終了する日等必要な事項を明らかにして1ヵ月前までに事業主に請求をする必要があります。請求の方法は、育児休業の申出と同じで、次のいずれかによることとされています。また、②、③は事業主が適切と認めた場合に限ります。

> ①　書面の提出
> ②　ファックスの送信
> ③　電子メール等の方法（記録を出力することにより書面を

Ⅶ　職場復帰後　217

作成することができるものに限る。2022年 4 月 1 日以降は
LINE、Facebook 等の SNS メッセージ機能の利用可）

　所定外労働の制限は、2025年 4 月 1 日以降、法改正により対象
となる子の範囲が「 3 歳に満たない子」から「小学校就学始期ま
での子」に拡大されるため注意が必要です。
　請求手続きを書面で行う場合の必要記載事項を満たした書式
は、第 4 章を参考にしてください。なお、時間外労働の制限と所
定外労働の制限は同時期に請求することはできません。

⑶　所定労働時間の短縮措置（育児短時間勤務）[3 歳に満たない子]

　育児短時間勤務制度の手続きについては、法令上特に定めがあ
りませんので、育児休業等に準じた手続きを就業規則等で定める
ことになります。育児短時間勤務制度の適用については、以下 2
点に留意しましょう。

- 所定外労働の制限、時間外労働の制限、深夜業の制限等と
  併せて利用することが可能です。
- 業務の性質または実施体制に照らして短時間勤務は困難で
  あるとして労使協定により除外された労働者に関しては次
  の代替措置のいずれかを講じる必要があります。
  ①　在宅勤務等※
  ②　フレックスタイム制
  ③　始業または終業の時刻を繰り上げまたは繰り下げる制
  　　度

218　第 3 章　改正法を踏まえた実務編

④ 労働者の３歳に満たない子にかかる保育施設の設置運営その他これに準ずる便宜の供与

※ 2025年４月１日施行の改正法において追加された措置

　また、雇用保険法の改正により、2025年４月１日以降、「育児時短就業給付金」が創設されます。２歳未満の子を養育している育児短時間勤務者が一定要件を満たしている場合は、給付金が支給されますので、手続きが必要です。育児時短就業給付金の申請手続きについては、次の「２　職場復帰後の社会保険手続き」を参照してください。

2　職場復帰後の社会保険手続き

　職場復帰後に行う社会保険手続きは次のとおりです。

(1)　育児時短就業給付金

2025年４月１日以降

　雇用保険法の改正により、２歳未満の子を養育している雇用保険の被保険者が一定の要件を満たす場合は、「育児時短就業給付金」が支給されます。制度の詳細は第２章160ページを参照してください。

　育児時短就業給付金の初回申請の際は、次の書類に必要事項を記入して、会社を管轄するハローワークに提出します。初回の申請は、支給対象月の初日から起算して４ヵ月以内に行うこととされていますので、申請期限に注意しましょう。

Ⅶ　職場復帰後　219

- 育児時短就業給付受給資格確認票・（初回）育児時短就業給付金支給申請書
- 休業等開始時賃金証明書
- 添付書類（母子健康手帳のコピー、賃金台帳等）

　２回目以降の申請は、ハローワークが指定した期間について、所定の申請書により支給申請を行います。なお、支給申請書の様式や手続きに必要となる添付書類等は本稿執筆時点では明らかになっていない部分がありますので、施行日である2025年４月１日までに確認をしておくことが必要です。

(2)　産前産後休業終了時改定／育児休業等終了時改定

　産前産後休業終了後（育児休業等を取得せず復帰した場合）、または育児休業等終了後、一定の要件を満たす場合は、復帰後３ヵ月間の賃金に基づき、４ヵ月目から標準報酬月額を改定することができます。産前産後休業終了時改定または育児休業等終了時改定の概要や要件等は、第１章で詳しく解説していますので、そちらを参照してください（第１章122ページ参照）。ここでは具体的な手続きを見ていきます。

　産前産後休業終了時改定および育児休業等終了時改定の改定月は４ヵ月目ですから、例えば、９月６日に職場復帰をした場合は、９月から11月の３ヵ月間※に支払われた報酬の平均額に基づき12月以降に手続きを行うこととなります。この復帰後４ヵ月目の終了時改定に該当するか否かの確認を忘れないようにしましょう。育児・介護休業法の改正により、出生時育児休業者や育児休業の分割取得など、複数回育児休業を取得する労働者も増えまし

220　第３章　改正法を踏まえた実務編

たので、育児休業等終了時改定については、それぞれの休業について、復帰後4ヵ月目がいつになるか確認し、予定しておくようにしましょう。

　上記報酬の平均額等を確認した結果、従前の標準報酬月額と1等級以上の差が生じた等、改定の対象となる場合は、産前産後休業終了時改定については「産前産後休業終了時報酬月額変更届」、育児休業等終了時改定の場合は「育児休業等終了時報酬月額変更届」に所定の事項を記入して日本年金機構（年金事務所）に提出します。健康保険組合に加入している場合は、健康保険組合にも提出が必要です。なお、この届出は、健康保険の給付額に影響しますので、随時改定等と異なり本人の申出が必要です。届出には「申出者欄」がありますので、本人に確認してから届出をしましょう。

※　支払基礎日数が17日未満（特定適用事業所の短時間労働者は11日未満、パートタイム労働者は17日以上の月がない場合は15日未満）の月を除きます。

(3)　養育期間の従前標準報酬月額のみなし措置（養育特例）

　短時間勤務等による報酬の減少のため標準報酬月額が従前より低下した場合に、将来の年金給付（老齢厚生年金、障害厚生年金、遺族厚生年金）の額に影響がないよう、従前の高いほうの標準報酬月額とみなして年金給付の額が算出されるようにする制度です（第1章127ページ参照）。みなし措置の適用を労働者が希望する場合は、「養育期間標準報酬月額特例申出書・終了届」を日本年金機構（年金事務所）に提出することが必要です。提出の際

は、戸籍謄（抄）本または戸籍記載事項証明書（申出者と子の身分関係および子の生年月日を証明できるもの）と住民票（提出から90日以内に発行されたもの）の２点を添付する必要があります。ただし、申出書に申出者と子の両方のマイナンバーの記載があれば、２点とも提出は不要です。さらに、2025年１月以降は、事業主が続柄を確認したときについても、戸籍記載事項証明等の添付が不要とされました。

　この申出書は子が出生した直後に提出すれば基本的に子が３歳になるまで適用されますが、育児休業に入るといったん養育期間が終了しますので、育児休業終了後に再度の提出が必要です。出生時育児休業や育児休業を分割取得する場合で、みなし措置の適用を希望する場合は、休業が終了する都度提出することになります。

3　子が１歳に達する前に復帰した女性労働者の母性保護措置等（女性労働者のみ）

　産後休業後に育児休業を取得せず復帰したり、子が１歳に達する前に早めに育児休業から復帰したりした労働者は、均等法および労基法により、産後１年以内の労働者に対する母性健康管理措置、母性保護の定めが適用されます。女性労働者からそれぞれの措置について請求があった場合は対応が必要となるので留意しましょう（第１章３、７ページ参照）。具体的には下記のとおりです。

222　第３章　改正法を踏まえた実務編

⑴　産後の通院休暇

　医師等の指示があった場合、その都度必要な時間、日数を与える必要があります。

⑵　医師等の指導事項を守ることができるようにするための措置

　医師等から指導があった場合、出産後の症状等に対応する作業の制限、勤務時間の短縮、休業等必要な措置を講じる必要があります。

⑶　時間外労働・休日労働・深夜業の制限

　産後1年以内の女性労働者から請求があった場合は、時間外労働（法定労働時間を超える時間の労働）・休日労働（法定休日の労働）・深夜業（午後10時から午前5時までの労働）をさせることはできません。

⑷　危険有害業務の就業制限等

　産後1年以内の女性が申し出た場合は坑内業務に従事させることおよび危険または有害とされる一定の業務に就かせることはできません（一定の業務については第1章図表1-2参照）。就業制限の業務に就いている場合、当該業務のみ担当から外すことや、配置転換等の対応が必要となります。

⑸　育児時間（女性労働者のみ）

　生後満1年に満たない子を育てる女性労働者は、1日に2回、それぞれ30分を育児のための時間として請求することができます。

VII　職場復帰後　223

4　子が３歳になる前の個別周知・意向確認・意向聴取・配慮

2025年10月１日以降

　改正法の施行により、2025年10月１日以降、３歳以上小学校就学始期までの子を養育する労働者に対する柔軟な働き方を実現するための措置（対象措置）を２以上講じることが事業主に義務付けられ、労働者はそのうち１つを選択して利用することができることとされます。この改正に伴い、労働者がスムーズに措置を選択できるよう、対象措置について子が３歳になる前の適切な時期に、個別周知・意向確認・意向聴取・配慮することが義務付けられます（第２章148ページ参照）。

　個別周知・意向確認・意向聴取・配慮の時期は、子の３歳の誕生日の１ヵ月前までの１年間（１歳11ヵ月に達した日の翌々日から２歳11ヵ月に達する日の翌日まで）に行うこととされているため、従業員の子の年齢を把握した上で、定められた期間内に確実に実施するような運用が必要です。例えば、一年間のうちある程度実施する時期を決めて、その時点で対象となる労働者に対して実施することなどが考えられます。

5　３歳以上小学校就学始期までの子を養育する労働者に対する措置（柔軟な働き方を選択するための措置）

2025年10月１日以降

　４で見たとおり、改正法の施行により、2025年10月１日以降、３歳以上小学校就学始期までの子を養育する労働者に対する柔軟

な働き方を実現するための措置を2以上講じることが事業主に義務付けられ、労働者はそのうち1つを選択して利用することができることとされます。

　育児・介護休業法上、措置の利用の申出について期限の定めはありません。このため、就業規則等により、申請を「1ヵ月前まで」などとすることは差支えありません。また、申請書等の制度利用の申請手続きも定めておくとよいでしょう。

　ここまで、妊娠・出産、産前産後休業、育児休業、育児休業から復帰までの実務の流れを見てきました。これまで述べてきた制度の概要を図表にしましたので、参考にしてください（図表3-2）。

▶図表3-2　妊娠・出産、育児休業に関する制度等の全体像

法改正事項☆2025年4月1日施行　★2025年10月1日施行

タイムライン：妊娠の申出｜産前6週間（多胎妊娠14週間）｜出生日｜産後8週間

産前産後休業育児休業等の期間		

産前休業（女性）：出産予定日前6週間（多胎妊娠の場合14週間）以内で女性労働者から休業の請求があった場合

産後休業（女性）：出産した女性労働者は休業させなければならない

育児休業（2回に：
- 子が1歳に達する日まで申し出た期間
- 2回に分割可

出生時育児休業：
- 労働者が申し出た期間
- 2回に分割可

社内手続き

- 個別周知・意向確認・意向聴取★・配慮★
- 出生の報告
- 育児休業申出（労働者）
- 取扱通知（事業主）

健康保険厚生年金保険の手続き

休業中の手続き

- 被扶養者異動届：出生した子を被扶養者とする場合
- [産前産後休業]取得者申出書：健康保険・厚生年金保険料の免除の申出
- [産前産後休業]取得者変更届：健康保険・厚生年金保険料の免除期間の変更の申出（出産予定日と実際の出産日が異なる場合）
- [出生時育児休業]取得者変更届：健康保険・厚生年金保険料の免除の申出　分割する場合は再度申出
- [育児休業]取得者申出書/新規：健康保険・厚生年金保険料の免除の申出

給付金の手続き（健康保険）

- 出産育児一時金
- 出産手当金

職場復帰後の手続き

- 産前産後休業終了時報酬月額変更届

226　第3章　改正法を踏まえた実務編

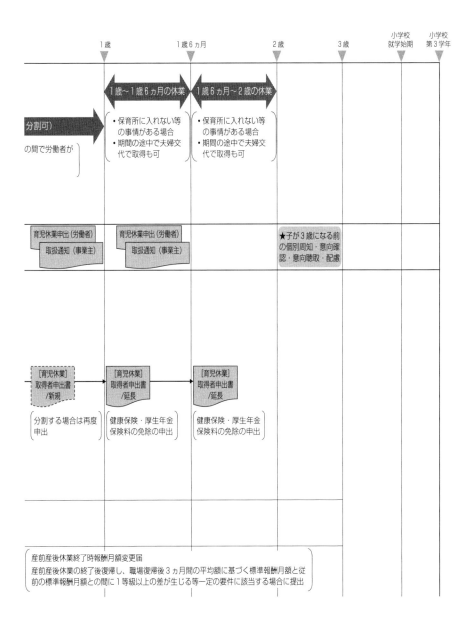

	妊娠の申出	産前6週間 （多胎妊娠14週間）	出生日	産後8週間
職場復帰後の手続き				育児休業等終了時報酬月 育児休業等終了時改定 ・職場復帰後3ヵ月間の報 ・出生時育児休業、育児休 養育期間標準報酬月額特例申出書 養育期間の標準報酬月額のみな 職場復帰後に提出（産前産後休
雇用保険の手続き				出生時育児休業給付金 支給申請書　等 出生時育児休業給 ・子の出生後8週間経 ・休業等開始時賃金月 ・夫婦ともに育児休業 育児休業給付金 支給申請書　等 育児休業給付金初回の ・休業開始後2ヵ月経過後 ・休業等開始時賃金月額証 ・夫婦ともに育児休業を取
母性健康管理および 母性保護措置 妊産婦（休業している場合を除く）から請求があった場合は必ず講じる必要がある措置 本人からの請求がなくても実施しなければならない措置	通院休暇（既定の回数） 通勤緩和、休憩時間の延長・回数増加、作業制限、勤務時間の短縮、休業等（医師等の指示があった場合） 軽易業務への転換 時間外労働、休日労働、深夜業の制限（時間外労働、休日労働、深夜業をさせない） 危険有害業務等の制限（就業禁止）		産後休業期間	産後の通院休暇（医師等の指示があった場合） 作業制限、勤務時間の短縮、休業等（医師等の指示があった場合） 時間外労働、休日労働、深夜業の制限（時間外労働、休 危険有害業務等の制限（一部業務は申出がなくても
子育て中の休暇・勤務に関する制度（労働者から申出があった場合。休業している期間は除く）			子の看護等休暇（子の看護等のための休暇。1年度5日、子が2人 勤務時間の短縮措置（短時間勤務） 所定外労働の制限（所定外労働をさせない）☆ 時間外労働の制限（時間外労働1ヵ月24時間、1年150時間以下） 深夜業の制限（深夜業をさせない）	

228　第3章　改正法を踏まえた実務編

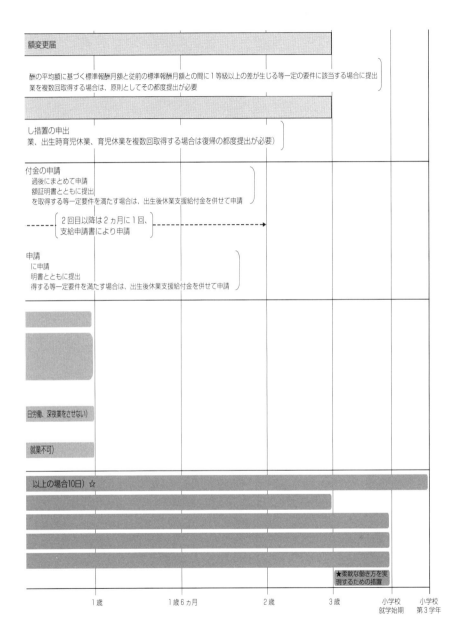

第4章

実務で使えるツール編

01 妊娠・出産、育児に関する制度概要一覧表

【表中の略称】
　法律：均等→男女雇用機会均等法、労基→労働基準法、
　　　育介→育児・介護休業法
　法改正事項：☆→2025年4月1日施行、★→2025年10月1日施行

<table>
<tr><th colspan="2"></th><th>法律</th><th>制度</th><th colspan="2">概　　要</th></tr>
<tr><td rowspan="4">育児休業等の周知等に関する制度</td><td rowspan="2"></td><td rowspan="2">育介</td><td rowspan="2">雇用環境の整備</td><td>制度内容</td><td>育児休業を取得しやすい職場環境を整備するため、以下の措置のいずれかを講じる
・研修の実施
・相談体制の整備（相談窓口の設置等）
・育児休業の取得に関する事例の収集および当該事例の提供
・育児休業に関する制度および育児休業の取得の促進に関する方針の周知</td></tr>
<tr><td>対象労働者</td><td>すべての労働者</td></tr>
<tr><td rowspan="2"></td><td rowspan="2">育介</td><td rowspan="2">個別周知・意向確認
★2025年10月1日以降、以下を追加
意向聴取
配慮</td><td>制度内容</td><td>労働者本人または配偶者が妊娠・出産等した旨の申出があった場合、育児休業に関する制度を個別に周知し、育児休業等の取得の意向確認を面談、書面等により実施する
★2025年10月1日以降、仕事と育児の両立にかかる就業条件に関する個別の意向聴取と配慮についても実施する。</td></tr>
<tr><td>対象労働者</td><td>妊娠・出産等の申出をした労働者</td></tr>
</table>

232　第4章　実務で使えるツール編

	法律	制度		概　　要
母性健康管理措置	均等	通院休暇	制度内容	妊娠中または産後の健康診査等を受けるための休暇の請求があった場合、取得させる 【回数】※医師が下記と異なる指示をしたときは、その回数 ・妊娠23週まで…4週間に1回 ・妊娠24週から35週まで…2週間に1回 ・妊娠36週から出産まで…1週間に1回 ・出産後1年以内…医師等の指示があった場合その都度
			対象労働者	妊産婦 （妊娠中の労働者または産後1年以内の女性労働者。以下同じ）
	均等	医師等の指導事項を守ることができるようにするための措置	制度内容	健康診査等に基づき医師等から指導を受けた旨の申出があった場合、次のうち必要な措置を講じる ・通勤緩和（時差出勤、勤務時間の短縮等） ・妊娠中の休憩時間の延長、休憩の回数の増加等 ・妊娠中または出産後の症状等に対応する措置 （作業の制限、勤務時間の短縮、休業等）
			対象労働者	妊産婦
母性保護措置	労基	時間外労働・休日労働・深夜業の制限	制度内容	妊産婦から請求があった場合、時間外労働・休日労働・深夜業をさせない
			対象労働者	妊産婦
	労基	軽易業務への転換	制度内容	妊娠中の女性労働者から請求があった場合、他の軽易な業務に転換させる
			対象労働者	妊娠中の女性労働者

01　妊娠・出産、育児に関する制度概要一覧表　233

	法律	制度		概　　要
母性保護措置	労基	危険有害業務等の制限	制度内容	妊産婦を坑内業務その他危険有害業務に就かせない ※産後1年以内の女性労働者は業務に従事しない旨を申し出た場合（ただし一部の業務は申出にかかわらず就業禁止）
			対象労働者	妊産婦
	労基	産前産後休業	制度内容	産前6週間（多胎妊娠の場合は14週間）および産後8週間の休業 • 産前休業は請求があった場合に与える • 産後休業は原則として休業させる
			対象労働者	産前6週間に出産する予定または産後8週間以内の女性労働者
	労基	育児時間	制度内容	生後1年に満たない子を育てる女性労働者から請求があった場合、1日に2回、それぞれ30分を育児のための時間として与える（1日の労働時間が4時間以内の労働者は1回）
			対象労働者	生後満1年に達しない子を育てる女性労働者
休業制度	育介	育児休業	制度内容	原則として1歳に満たない子を養育するための休業 対象労働者から請求があった場合は取得させる
			対象労働者	○労働者（日々雇用を除く） ○有期契約労働者は、申出時点において、子が1歳6か月（2歳までの休業の場合は2歳）を経過する日までに労働契約期間が満了し、更新されないことが明らかでないことが必要 ○労使協定で対象外にできる労働者 • 雇用された期間が1年未満の労働者 • 1年（1歳以降の休業の場合は6ヵ月）以内に雇用関係が終了

234　第4章　実務で使えるツール編

	法律	制度	概　要	
休業制度	育介	育児休業	対象労働者	する労働者 • 週の所定労働日数が2日以下の労働者
			対象となる「子」	育児休業の対象となる「子」 • 1歳に満たない子（養子を含む） • 特別養子縁組前の監護期間中の子 • 養子縁組里親に委託されている子 • 本来は「養子縁組里親」として委託すべきであるが、実親等の反対により養子縁組里親として委託できず、「養育里親」として委託されている子
			休業期間	○原則として子が1歳に達する日までの間で労働者が申し出た期間 ○両親ともに育児休業をしている場合で一定の要件を満たすときは、子が1歳2ヵ月に達するまで出産日と産後休業期間と育児休業期間とを合計して1年間以内の休業が可能（パパ・ママ育休プラス）
			休業期間（延長）	○子が1歳（パパ・ママ育休プラスの場合は1歳2ヵ月）に達しても以下の事情がある場合は1歳（1歳2ヵ月）から1歳6ヵ月まで休業期間を延長できる • 保育所等への入所を希望しているが、入所できない場合 • 子の養育を行っている配偶者が、死亡、負傷・疾病等により子を養育することが困難になった場合 ○1歳6ヵ月に達した時点で上記と同様の事情がある場合、1歳6ヵ月から2歳まで延長できる ○原則として、子が1歳（1歳6ヵ月）に達する日において労働者本人または配偶者が育児休業をしていることが必要。ただし、一定の

01　妊娠・出産、育児に関する制度概要一覧表　235

	法律	制度		概　要
休業制度	育介	育児休業	休業期間（延長）	特別な事情（新たな産前産後休業等が始まったことにより1歳到達日後の育児休業が終了した場合で、当該産前産後休業等にかかる子が死亡した場合等）がある場合は、 ・1歳（1歳6ヵ月）に達する日において労働者本人、配偶者ともに育児休業をしていなくても休業可 ・休業終了後の再度の申出可 ○有期雇用労働者は子が1歳6ヵ月（2歳）に達するまでに労働契約が終了することが明らかでないことが必要 （1歳〜1歳6ヵ月の休業の場合は配偶者と交代で取得するときのみ）
			回数	○子が1歳に達するまでの育児休業は、子1人につき、原則として2回まで ○特別な事情（新たな産前産後休業等の開始や配偶者または子の死亡、負傷・疾病等）が生じた場合には、例外的に3回目の育児休業取得が可能 ○1歳〜1歳6ヵ月、1歳6ヵ月〜2歳までの休業は原則として1回。ただし、特別な事情（新たな産前産後休業等が始まったことにより休業が終了した場合で、当該産前産後休業等にかかる子が死亡した場合）が生じた場合は再度の取得が可能 ○1歳〜1歳6ヵ月、1歳6ヵ月〜2歳の休業、出生時育児休業については、子が1歳までの育児休業とは別に取得可能（回数は通算しない）

	法律	制度		概　要
休業制度	育介	育児休業	休業期間（変更）	○休業開始予定日の繰上げ 　１歳までの育児休業申出後に出産予定日前に子が出生するなどの一定の事由が生じた場合、休業１回につき１回に限り可能 ○休業終了予定日の繰下げ 　理由を問わず、１歳までの育児休業（２回取得する場合は各休業ごと）、１歳～１歳６ヵ月の休業、１歳６ヵ月～２歳の休業１回につき各休業１回に限り可能 ○休業の撤回 　• 開始予定日の前日までは育児休業申出の撤回可 　• １歳までの育児休業の申出を撤回した場合、当該申出にかかる育児休業をしたものとみなされる 　• １歳～１歳６ヵ月の休業、１歳６ヵ月～２歳の休業の申出を撤回した場合、撤回した申出にかかる子については再度の申出不可（配偶者の死亡、負傷・疾病等特別な事情がある場合は可） ○申出がされなかったものとみなされる場合 　子の死亡、労働者の負傷・疾病等の事情により子を養育しないこととなる一定の事由が生じた場合は、育児休業の申出はされなかったものとみなされる
			休業期間（終了）	次の場合には育児休業は労働者の意思にかかわらず終了 • 子の死亡等子を養育しないこととなった事情が生じたとき • 子が１歳（延長の場合は１歳６ヵ月または２歳）に達したとき • 育児休業期間中に新たな産前産後

01　妊娠・出産、育児に関する制度概要一覧表　237

	法律	制度	概　　要	
休業制度	育介	育児休業	休業期間（終了）	休業、介護休業、育児休業、出生時育児休業が始まったとき
			申出期限手続き等	[育児休業の申出] ○労働者は育児休業を開始しようとする日の1ヵ月前までに書面等で事業主に申出が必要 ○事業主は労働者に子の出生等を証明する書類の提出を求めることができる ○1歳〜1歳6ヵ月、1歳6ヵ月〜2歳の休業は2週間前までに書面等で申出。ただし、申出が子の1歳の誕生日（1歳6ヵ月〜2歳の休業の場合は1歳6ヵ月に達する日の翌日)以降になされる場合は、1ヵ月前まで ○特別な事情（出産予定日前に子が出生したことや配偶者の死亡、負傷・疾病等）がある場合は1週間前までの申出でよい ○休業の申出が期限より遅れた場合、事業主は、申出の日の翌日から1ヵ月（1歳到達日後の育児休業であって申出が1歳または1歳6ヵ月到達日以前になされた場合は2週間、特別な事情がある場合は1週間）を経過する日までの間で休業開始日を指定することが可能 ○申出がなされた場合、事業主は育児休業の開始予定日、終了予定日等必要事項を労働者に書面等で通知 [変更(繰上げ・繰下げ・撤回)の申出] ○休業開始日の繰上げは1週間前までに書面等で提出。申出がこれより遅れた場合、事業主は、申出が

法律	制度		概　要
			あった日の翌日から起算して1週間を経過する日までの間で休業開始日を指定することが可能
育介	育児休業	申出期限手続き等	○休業終了予定日の繰下げは1ヵ月前（1歳到達日後の休業の場合は2週間前）までに書面等で提出
			○休業の申出の撤回は前日までに書面等で提出
			○変更等の申出を受けた事業主は繰上げ、繰下げ、撤回について必要事項を書面等により通知
		制度内容	出生後8週間以内の子を養育する労働者のための休業 • 対象労働者から申出があった場合は取得させる
育介	出生時育児休業	対象労働者	○労働者（日々雇用を除く）
			○有期契約労働者は、申出時点において、次の要件を満たすことが必要
			• 子の出生から8週間を経過する日の翌日から6ヵ月を経過する日までに労働契約期間が満了し、更新されないことが明らかでないこと
			○労使協定で対象外にできる労働者
			• 雇用された期間が1年未満の労働者
			• 申出があった日から起算して8週間以内に雇用関係が終了することが明らかな労働者
			• 週の所定労働日数が2日以下の労働者
		対象となる「子」	育児休業と同じ
		休業期間	対象期間（子の出生後8週間以内の期間）内に4週間（28日）以内で労働者が申し出た期間
		回数	○分割して2回まで取得可（申出は

休業制度

01　妊娠・出産、育児に関する制度概要一覧表　239

	法律	制度		概　要
休業制度	育介	出生時育児休業	回数	まとめて１回で申し出ることが必要） ○育児休業とは別に取得可能（回数は通算しない）
			休業中の就業	○労使協定の締結により、以下の範囲内で就業可 • 休業期間の所定労働日数の1/2以下（１日未満の端数切捨て） • 休業期間の所定労働時間の合計の1/2以下 • 開始予定日または終了予定日を就業日とする場合、その日の所定労働時間に満たない時間
			休業期間 (変更)	○休業開始予定日の繰上げ 出生時育児休業申出後に出産予定日前に子が出生するなどの一定の事由が生じた場合、休業１回につき１回に限り可能 ○休業終了予定日の繰下げ 理由を問わず、休業１回につき１回に限り可 ○休業の撤回 • 開始予定日の前日までは出生時育児休業申出の撤回可 • 申出を撤回した場合、当該申出にかかる育児休業をしたものとみなされる ○申出がされなかったものとみなされる場合 子の死亡、労働者の負傷・疾病等の事情により子を養育しないこととなる一定の事由が生じた場合は、出生時育児休業の申出はされなかったものとみなされる
			休業期間 (終了)	次の場合には労働者の意思にかかわらず出生時育児休業は終了 • 子の死亡等子を養育しないこととなった事情が生じたとき

240　第４章　実務で使えるツール編

	法律	制度		概　　要
休業制度	育介	出生時育児休業	休業期間（終了）	・子の出生の日の翌日から起算して8週間を経過したとき ・子の出生の日以後出生時育児休業の日数が28日に達したとき ・育児休業期間中に新たな産前産後休業、介護休業、育児休業、出生時育児休業が始まったとき
			申出期限手続き等	[出生時育児休業の申出] ○労働者は出生時育児休業を開始しようとする日の2週間前（労使協定による定めがある場合はその時期）までに書面等で事業主に申出が必要 ○事業主は労働者に子の出生等を証明する書類の提出を求めることができる ○特別な事情（出産予定日前に子が出生したことや配偶者の死亡、負傷・疾病等）がある場合は1週間前までの申出でよい ○休業の申出が期限より遅れた場合、事業主は、申出の日の翌日から2週間（労使協定で申出期限を定めた場合はその時期、特別な事情がある場合は1週間）を経過する日までの間で休業開始日を指定することが可能 ○申出がなされた場合、事業主は育児休業の開始予定日、終了予定日等必要事項を労働者に書面等で通知 [休業中の就業の申出] ○労働者が就業を希望する場合、休業開始予定日の前日までに就業可能日等について書面等で申出 ○事業主は就業可能日等の範囲内で就業させることを希望する日等を

	法律	制度		概　要
休業制度	育介	出生時育児休業	申出期限手続き等	書面等で提示。労働者の書面等での同意を得た場合に限り就業可 ○労働者の同意を得た後、事業主は就業させることとした日時等について労働者に通知 ○労働者は休業開始予定日の前日まで同意の撤回が可能。開始予定日以後は特別な事情がある場合に限り撤回可 [変更（繰上げ・繰下げ・撤回）の申出] ○休業開始日の繰上げは1週間前までに書面等で提出。申出がこれより遅れた場合、事業主は、申出があった日の翌日から起算して1週間を経過する日までの間で休業開始日を指定することが可能 ○休業終了予定日の繰下げは2週間前までに書面等で提出 ○休業の申出の撤回は前日までに書面等で提出 ○変更等の申出を受けた事業主は繰上げ、繰下げ、撤回について必要事項を書面等により通知
子育て中の勤務に関する制度	育介	子の看護休暇☆ ☆2025年4月1日以降、「子の看護等休暇」に名称変更	制度内容	○小学校就学の始期に達するまで☆の子を養育する労働者が、1年に5日まで（当該子が2人以上の場合は10日まで）、病気・けがをした子の看護のため、または子に予防接種・健康診断を受けさせる☆ために取得できる休暇 ☆2025年4月1日以降は「小学校第3学年修了前の子」 ☆2025年4月1日以降、「感染症予防のための学級閉鎖等」、「入園、卒園または入学式等への参加」を事由とした取得も可 ○日単位のほか、時間単位での取得

242　第4章　実務で使えるツール編

	法律	制度	概　　要	
子育て中の勤務に関する制度	育介	子の看護休暇	制度内容	が可能
			対象労働者	○小学校就学の始期☆に達するまでの子を養育する労働者（日々雇用を除く） ☆2025年4月1日以降は「小学校第3学年修了前の子」 ○労使協定で対象外にできる労働者 ・勤続6ヵ月未満の労働者☆ ☆2025年4月1日以降上記要件は廃止 ・週の所定労働日数が2日以下の労働者 ・時間単位で休暇を取得させることが困難と認められる業務に従事する者（時間単位の取得のみ対象外とする）
			申出期限手続き等	○法令に明確な定めなし ○当日の電話等口頭での請求も認めなければならない
	育介	所定外労働の制限	制度内容	○3歳☆に満たない子を養育する労働者が請求した場合、所定労働時間を超えて労働させない ☆2025年4月1日以降は「小学校就学始期に達するまでの子」 ○事業の正常な運営を妨げる場合は、事業主は請求を拒める
			対象労働者	○3歳☆に満たない子を養育する労働者（日々雇用を除く） ☆2025年4月1日以降は「小学校就学始期に達するまでの子」 ○労使協定で対象外にできる労働者 ・勤続1年未満の労働者 ・週の所定労働日数が2日以下の労働者
			期間・回数	○1回の請求につき1ヵ月以上1年以内の期間 ○請求できる回数に制限なし

01　妊娠・出産、育児に関する制度概要一覧表　243

	法律	制度		概　要
子育て中の勤務に関する制度			申出期限手続き等	○開始の日の1ヵ月前までに書面等で請求
	育介	時間外労働の制限	制度内容	○小学校就学の始期に達するまでの子を養育する労働者が請求した場合、制限時間（1ヵ月24時間、1年150時間）を超えて労働時間を延長しない ○事業の正常な運営を妨げる場合は、事業主は請求を拒める
			対象労働者	○小学校就学の始期に達するまでの子を養育する労働者（日々雇用を除く） ○以下に該当する労働者は対象外 ・勤続1年未満の労働者 ・週の所定労働日数が2日以下の労働者
			期間・回数	○1回の請求につき1ヵ月以上1年以内の期間 ○請求できる回数に制限なし
			申出期限手続き等	○開始の日の1ヵ月前までに書面等で請求
	育介	深夜業の制限	制度内容	○小学校就学の始期に達するまでの子を養育する労働者が請求した場合、午後10時～午前5時（「深夜」）において労働させない ○事業の正常な運営を妨げる場合は、事業主は請求を拒める
			対象労働者	○小学校就学の始期に達するまでの子を養育する労働者（日々雇用を除く） ○以下に該当する労働者は対象外 ・勤続1年未満の労働者 ・保育ができる同居の家族※がいる労働者 ・週の所定労働日数が2日以下の労働者 ・所定労働時間の全部が深夜にある労働者

244　第4章　実務で使えるツール編

	法律	制度	概　要	
子育て中の勤務に関する制度	育介	深夜業の制限	対象労働者	※保育ができる同居の家族…16歳以上であってイ～ハのいずれにも該当する者 　イ　深夜に就業していないこと（深夜の就業日数が１ヵ月につき３日以下の者を含む） 　ロ　負傷、疾病または心身の障害により保育が困難でないこと 　ハ　６週間（多胎妊娠の場合は14週間）以内に出産する予定であるか、または産後８週間を経過しない者でないこと
			期間・回数	○１回の請求につき１ヵ月以上６ヵ月以内の期間 ○請求できる回数に制限なし
			申出期限手続き等	○開始の日の１ヵ月前までに書面等で請求
	育介	所定労働時間の短縮措置等（育児短時間勤務）	制度内容	３歳に満たない子を養育する労働者であって育児休業をしていない者に関して、１日の所定労働時間を原則として６時間とする措置を含む短時間勤務の措置を講ずる義務
			対象労働者	○３歳に満たない子を養育する労働者（日々雇用を除く） ○１日の所定労働時間が６時間以下の労働者は対象外 ○労使協定で対象外にできる労働者 ・勤続１年未満の労働者 ・週の所定労働日数が２日以下の労働者 ・業務の性質または業務の実施体制に照らして、育児短時間勤務措置を講ずることが困難と認められる業務に従事する労働者

01　妊娠・出産、育児に関する制度概要一覧表　245

	法律	制度		概　要
子育て中の勤務に関する制度	育介	所定労働時間の短縮措置等（育児短時間勤務）	期間・回数	法令に定めなし
			代替措置	○労使協定で育児短時間勤務の対象外とされた労働者に対し、次の措置のいずれかを講ずる義務☆ • 育児休業に関する制度に準ずる措置 • フレックスタイム制 • 始業・終業時刻の繰上げ、繰下げ • 事業所内保育施設の設置運営その他これに準ずる便宜の供与 ☆2025年4月1日以降、「在宅勤務等」が追加
	育介	3歳に満たない子を養育する労働者に対する個別周知・意向確認・意向聴取・配慮★	制度内容	○子が3歳の誕生日の1ヵ月前までの1年間に自社の柔軟な働き方を実現するための措置について個別に周知し、措置の利用についての意向確認、就業条件に関する個別の意向聴取・配慮を面談、書面等により実施する
	育介	柔軟な働き方を実現するための措置★	制度内容	○3歳以上小学校就学始期前までの子を養育する労働者が選択できる措置として、以下の措置のうち、2以上の措置を講じる。労働者はそのうち1つを選択して利用可 • 始業時刻変更等の措置 • 在宅勤務等の措置 • 育児短時間勤務 • 養育両立支援休暇の付与 • 保育施設の設置運営その他これに準ずる便宜の供与
			対象労働者	○3歳以上小学校就学始期前までの子を養育する労働者 ○労使協定で対象外にできる労働者 • 勤続1年未満の労働者 • 週の所定労働日数が2日以下の労働者

	法律	制度		概　　要
子育て中の勤務に関する制度	育介	柔軟な働き方を実現するための措置★	対象労働者	• 業務の性質または業務の実施体制に照らして、1日未満の単位で休暇を取得することが困難と認められる業務に従事する者（休暇の時間単位取得の場合に限る）
			労働者代表等の意見聴取	事業主は、措置を選択し、講じようとするときは、あらかじめ、労働者代表等から意見を聴かなければならない
その他	育介	育児休業等の取得状況の公表	制度内容	○常時雇用する労働者が1,000人超☆の企業は、以下のいずれかを公表する • 育児休業等の取得割合 • 育児休業等と育児目的休暇の取得割合 ☆2025年4月1日以降は「300人超」の企業が対象 ○公表は自社ホームページまたは厚生労働省ウェブサイト「両立支援のひろば」等で行う
	均等 育介	妊娠・出産、育児休業等に関するハラスメントの防止措置	制度内容	○女性労働者が妊娠・出産したこと、または法律に定める妊娠・出産・育児・介護に関する制度等を請求または利用したことに関する上司または同僚の言動（解雇その他不利益な取扱いをしたり、嫌がらせ等をしたりすること）により、当該女性労働者の就業環境が害されることがないよう、労働者からの相談に応じ、適切に対応するために必要な体制の整備その他の雇用管理上必要な措置を講ずる義務
			事業主が講ずべき防止措置	• 事業主の方針の明確化およびその周知・啓発 • 相談窓口等の整備 • 妊娠・出産、育児休業等に関するハラスメントへの事後の迅速かつ

01　妊娠・出産、育児に関する制度概要一覧表　247

	法律	制度		概　　要
その他	均等育介	妊娠・出産、育児休業等に関するハラスメントの防止措置	事業主が講ずべき防止措置	適切な対応 • 職場における妊娠・出産、育児休業等に関するハラスメントの原因や背景となる要因を解消するための措置 • 上記と併せて講ずべき措置（①プライバシー保護措置、②相談したこと等を理由とした不利益な取扱いをしない旨の定めおよび周知・啓発）
	育介	不利益取扱いの禁止	制度内容	労働者が妊娠・出産したこと等、または育児休業、子の看護休暇、所定外労働の制限、時間外労働の制限、深夜業の制限、所定労働時間の短縮措置等について申出をしたこと、または取得等を理由とする解雇その他不利益な取扱いの禁止
	育介	労働者の配置に関する配慮	制度内容	就業場所の変更を伴う配置の変更において、就業場所の変更により、子の養育を行うことが困難となる労働者がいるときは、その子の養育の状況に配慮する義務

02 個別周知・意向確認・意向
聴取文書の例（厚生労働省記載例より）

個別周知・意向確認・意向聴取

文書の例（厚生労働省記載例より）

○個別周知・意向確認・意向聴取（第1章79ページ、第2
　章145ページ参照）を、面談または書面の交付により行う
　場合に使用できる、厚生労働省の記載例です。
○記載例は以下の種類があります。
　・【記載例1】妊娠・出産等申出時の個別周知・意向確認
　　　　　　　　文書
　・【記載例2】妊娠・出産等申出時の意向聴取文書
　・【記載例3】子が3歳になる前の個別周知・意向確認文
　　　　　　　　書
　・【記載例4】子が3歳になる前の意向聴取文書

> **【記載例１】妊娠・出産等申出時の個別周知・意向確認文書**
> 　法令に定められた周知事項だけでなく、育児休業取得のメリット、育児休業取得率の目標、育児休業以外の両立支援制度等を併せて記載するなど、積極的に育児休業の取得を促進する内容です。

個別周知・意向確認書記載例（好事例）

仕事と育児の両立を進めよう！

社長からのメッセージ「□□□□□□□□□□□□□□□□□」

　～我が社の目標～

　　　男性の育児休業・出生時育児休業取得率●●％以上、平均
　　　●か月以上

　　　女性の育児休業取得率●●％以上

　育児休業は、原則１歳になるまで取得できる制度です。夫婦で協力して育児をするため積極的に取得しましょう。

【男性が育児休業を取得するメリット】

●父親のメリット … 子どもの成長を日々実感できる、育児・家事スキルの向上、これまでの業務の進め方を見直すきっかけ、時間管理能力・効率的な働き方が身につく

●母親のメリット … 育児不安やストレス軽減、就労継続・昇進意欲・社会復帰への意欲の維持

●家族のメリット … 育児の喜びや不安を共有することができ、家族の絆が深まる、経済的な安定

●職場のメリット … 仕事の進め方・働き方を見直すきっかけ、職場の結束が強まり「お互い様」でサポートしあう関係が構築（育児休業だけでなく、病気による入院や介護休業等で不在になる可能性も）、雇用環境の改善による離職率の低下・応募者の増加

250　第４章　実務で使えるツール編

１．育児休業（育休）は性別を問わず取得できます。

対象者	原則、１歳未満の子を養育する労働者。※配偶者が専業主婦（夫）でも取得できます。夫婦同時に取得できます。 　有期雇用労働者の方は、申出時点で、子が１歳６か月を経過する日までに労働契約期間が満了し、更新されないことが明らかでない場合に取得できます。 ＜対象外＞（※対象外の労働者を労使協定で締結している場合の例） ①入社１年未満の労働者　②申出の日から１年以内（１歳６か月又は２歳までの育児休業の場合は６か月以内）に雇用関係が終了する労働者　③１週間の所定労働日数が２日以下の労働者
期間	原則、子が１歳に達する日（１歳の誕生日の前日）までの間の労働者が希望する期間。なお、配偶者が育児休業をしている場合は、子が１歳２か月に達するまで出産日と産後休業期間と育児休業期間と出生時育児休業を合計して１年間以内の休業が可能（パパ・ママ育休プラス）。 　保育所等に入所できない等の理由がある場合は最長子が２歳に達する日（２歳の誕生日の前日）まで延長可能。
申出期限	原則休業の１か月前（１歳６ヵ月又は２歳までの育児休業の場合は２週間前）までに●●部□□係に申し出てください。
分割取得	分割して２回取得可能

２．出生時育児休業（産後パパ育休）は男性の育児休業取得を促進する制度です。

対象者	出生後８週間以内の子を養育する主に男性労働者。なお、養子の場合等は女性も取得できます。 ※配偶者が専業主婦（夫）でも取得できます。 　有期雇用労働者の方は、申出時点で、子の出生日又は出産予定日のいずれか遅い方から８週間を経過する日の翌日から起算して６か月を経過する日までに労働契約期間が満了し、更新されないことが明らかでない場合取得できます。

02　個別周知・意向確認・意向聴取文書の例（厚生労働省記載例より）　251

	＜対象外＞（※対象外の労働者を労使協定で締結している場合の例） ①入社１年未満の労働者　②申出の日から８週間以内に雇用関係が終了する労働者　③１週間の所定労働日数が２日以下の労働者
期間	子の出生後８週間以内に４週間（28日）以内の労働者が希望する期間。
申出期限	（※２週間前とする場合の記載例） 原則休業の２週間前までに●●部□□係に申し出てください。 　（※労使協定を締結し、１か月前とする場合の記載例） 原則休業の１か月前までに●●部□□係に申し出てください。 ※当社では、育児・介護休業法で義務づけられている内容を上回る措置の実施（①研修の実施、②相談窓口の設置）等を労使協定で締結し、申出期限を１か月前までとしています。
分割取得	分割して２回取得可能（まとめて申し出ることが必要）
休業中の就業（注）	調整等が必要ですので、希望する場合、まずは●●部□□係にご相談ください。

（注）休業中の就業について労使協定を締結していない場合記載は不要です。

＜知っておこう産後の気分の不調＞

出産後多くの方は、気分の落ち込みなどの抑うつ気分をはじめとするいわゆる「マタニティ・ブルーズ」を経験します。一過性のことがほとんどですが、２週間以上続く場合は「産後うつ病」である可能性があるため、早めに医療機関や市町村窓口へ相談してください。出産後は周囲のサポートが重要です。育児休業を有効に活用しましょう。

育児休業、出生時育児休業には、給付の支給や社会保険料免除があります。

|育児休業給付|

育児休業（出生時育児休業を含む）を取得し、受給資格を満たしていれば、原則として休業開始時の賃金の67％（180日経過後は50％）の育児休業給付を受けることができます。

令和7年4月以降は、男性は子の出生後8週間以内、女性は産後休業後8週間以内に、本人と配偶者の両方が14日以上育児休業を取得した場合、最大28日間、休業開始時の賃金日額の13％の出生後休業支援給付を受けることができます。

|育児休業期間中の社会保険料の免除|

一定の要件（その月の末日が育児休業（出生時育児休業を含む、以下同じ）期間中である場合、又はその月中に14日以上育児休業を取得した場合。賞与に係る保険料については1か月を超える育児休業を取得した場合）を満たしていれば、その月の社会保険料が被保険者本人負担分及び事業主負担分ともに免除されます。

3．育児休業、出生時育児休業からの復職に当たっては、仕事と育児の両立支援制度を積極的に利用しましょう。

（1）短時間勤務制度^(注)

制度の内容	３歳に満たない子を養育する場合、１日の所定労働時間を６時間に短縮することができます。
対象者	３歳に満たない子を養育する労働者（日々雇用労働者を除く）。 <対象外>（※対象外の労働者を労使協定で締結している場合の例） ①入社１年未満の労働者 ②１週間の所定労働日数が２日以下の労働者
期間	１回の申出につき１か月以上１年以内の期間
申出期限	開始の日の１か月前までに●●部□□係に申し出てください。

（注）労使協定により、短時間勤務制度を講ずることが困難な業務に従事する労働者を適用除外としている場合、代替措置（①育児休業に準ずる制度、②始業時刻変更等の措置、③テレワーク等の措置のいずれか）を講じて記載してください。

（2）所定外労働の制限

制度の内容	小学校就学前の子を養育する場合、所定外労働を制限することを請求できます。
対象者	小学校就学前の子を養育する労働者（日々雇用労働者を除く）。 <対象外>（※対象外の労働者を労使協定で締結している場合の例） ①入社１年未満の労働者 ②１週間の所定労働日数が２日以下の労働者
期間	１回の請求につき１か月以上１年以内の期間
申出期限	開始の日の１か月前までに●●部□□係に申し出てください。

例外	事業の正常な運営を妨げる場合は、請求を拒むことがあります。

（3）時間外労働の制限

制度の内容	小学校就学前の子を養育する場合、時間外労働を1月24時間、1年150時間以内に制限することを請求できます。
対象者	小学校就学前の子を養育する労働者。 ＜対象外＞ ①日々雇用労働者　②入社1年未満の労働者 ③1週間の所定労働日数が2日以下の労働者
期間	1回の請求につき1か月以上1年以内の期間
申出期限	開始の日の1か月前までに●●部□□係に申し出てください。
例外	事業の正常な運営を妨げる場合は、請求を拒むことがあります。

（4）深夜業の制限

制度の内容	小学校就学前の子を養育する場合、午後10時から午前5時までの深夜業を制限することを請求できます。
対象者	小学校就学前の子を養育する労働者。 ＜対象外＞ ①日々雇用労働者　②入社1年未満の労働者　③子の保育ができる同居の家族がいる労働者　④1週間の所定労働日数が2日以下の労働者　⑤所定労働時間の全部が深夜の労働者
期間	1回の請求につき1か月以上6か月以内の期間
申出期限	開始の日の1か月前までに●●部□□係に申し出てください。
例外	事業の正常な運営を妨げる場合は、請求を拒むことがあります。

（5）子の看護等休暇

制度の内容	小学校第3学年修了前の子を養育する場合、1年に5日（子が2人以上の場合は10日）まで、子の世話等のために、休暇が取得できます（時間単位の休暇も可）。
対象者	小学校第3学年修了前の子を養育する労働者（日々雇用労働者を除く）。 ＜対象外＞（※対象外の労働者を労使協定で締結している場合の例） 1週間の所定労働日数が2日以下の労働者
対象となる事由	・負傷し、又は疾病にかかった子の世話 ・子に予防接種や健康診断を受けさせること ・感染症に伴う学級閉鎖等になった子の世話 ・子の入園（入学）式、卒園式への参加
申出先	●●部□□係に申し出てください。

短時間勤務中には、給付の支給があります。

育児時短就業給付

　令和7年4月以降は、2歳未満の子を養育するために時短勤務を実施し、受給資格を満たしていれば、原則として時短勤務中に支払われた賃金額の10％の育児時短就業給付を受けることができます。

　当社では、育児休業等の申出をしたこと又は取得したことを理由として不利益な取扱いをすることはありません。
　また、妊娠・出産、育児休業等に関するハラスメント行為を許しません。

育児休業・出生時育児休業の取得の意向について、以下を記載し、このページのコピーを、　年　月　日までに、●●部□□係

へ提出してください。

該当するものに〇	
	育児休業を取得する。
	出生時育児休業を取得する。
	取得する意向はない。
	検討中

（注）男性については、育児休業も出生時育児休業も取得することができます。

【提出日】　●年●月●日

【提出者】　所属　□□部△△課

　　　　　　氏名　◆◆　◆◆

> **【記載例2】 妊娠・出産等申出時の意向聴取文書**
> 　仕事と育児の両立にかかる就業条件に関する個別の意向聴取時に使用できる記載例です。労働者から聴取した意向には配慮する必要があります。意向聴取は、妊娠・出産等申出時の個別周知・意向確認（記載例1）と併せて実施することが考えられます。

妊娠・出産等申出時　個別の意向聴取書記載例

仕事と育児の両立の支障となるような個別の事情の改善に資することがあれば、以下を記載し、このページのコピーを、　　年　月　日までに、●●部□□係へ提出してください。

【仕事と育児の両立に関する意向】

※以下の勤務条件や両立支援制度等について、希望の条件や利用期間があれば記載してください。

項目	希望内容
＜勤務条件＞	
勤務時間帯（始業及び終業の時刻）	
勤務地（就業の場所）	
＜両立支援制度等の利用期間＞	
育児休業	
短時間勤務制度（注1）	
所定外労働の制限	
時間外労働の制限	
深夜業の制限	
子の看護等休暇	
その他（注2）	

（注1）労使協定により、短時間勤務制度を講ずることが困難な業務に従事する労働者を適用除外としている場合、代替措置（①育児休業に準ずる制度、②始業時刻変更等の措置、③テレワーク等の措置のいずれか）を講じて項目に追加

258　第4章　実務で使えるツール編

してください。

（注2）事業主は、柔軟な働き方を実現するための措置として、(1)フレックスタイム制又は始業・終業時刻の繰上げ・繰下げ、(2)テレワーク等の措置、(3)短時間勤務の制度、(4)就業しつつ子を養育することを容易にするための休暇（養育両立支援休暇）の付与、(5)保育施設の設置運営その他これに準ずる便宜の供与の中から2つ以上の措置を選択して講ずる必要があります。「その他」欄では、選択して講じた措置の内容について意向の聴取を行うことが想定されます。

【その他、仕事と育児の両立に資する就業の条件について、希望すること（その理由）】

※障害のある子や医療的ケアを必要とする子を養育している場合や、ひとり親である等の場合であって、仕事と育児の両立に資する就業の条件について希望することがあれば、こちらに記載してください。

【提出日】　●年●月●日

【提出者】　所属　□□部△△課

　　　　　　氏名　◆◆　◆◆

> **【記載例3】　子が3歳になる前の個別周知・意向確認文書**
> 　柔軟な働き方の選択に資するよう、子が3歳になる前の一定の時期に個別周知・意向確認をする際に使用できる記載例です。この文書は、時差出勤制度と在宅勤務等の措置を講じた場合の例です。

子が3歳になる前の個別周知・意向確認書記載例（好事例）

仕事と育児の両立を進めよう！

　労働者の仕事と育児の両立のため、育児期の柔軟な働き方を実現するための措置を講じています。夫婦で協力して育児をするため積極的に利用しましょう。

【制度を利用するメリット】

● 労働者本人のメリット … 子どもと一緒に過ごす時間の確保、これまでの業務の進め方を見直すきっかけ、時間管理能力・効率的な働き方が身につく

● 家族のメリット … 経済的な安定（夫婦ともに柔軟な働き方を実現しつつ就労継続することで、賃金水準を維持することができる）、育児・家事負担の分散

● 職場のメリット … 仕事の進め方・働き方を見直すきっかけ、職場の結束が強まり「お互い様」でサポートしあう関係が構築（育児だけでなく、病気による入院や家族の介護等の事情がある可能性も）、雇用環境の改善による離職率の低下・就職希望者の増加

260　第4章　実務で使えるツール編

１．柔軟な働き方を実現するために、次の中から１つを選択して利用できます。

対象者 （共通）	３歳から小学校就学前の子を養育する労働者（日々雇用労働者を除く）。 ＜対象外＞（※対象外の労働者を労使協定で締結している場合の例） ①入社１年未満の労働者　②１週間の所定労働日数が２日以下の労働者

（１）始業・終業時刻の繰上げ・繰下げ（時差出勤）

制度の内容	始業及び終業時刻について、以下のように変更することができます。 • 通常勤務 ＝ 午前８時30分始業、午後５時30分終業 • 時差出勤Ａ ＝ 午前８時始業、午後５時終業 • 時差出勤Ｂ ＝ 午前９時始業、午後６時終業 • 時差出勤Ｃ ＝ 午前10時始業、午後７時終業
期間	１回の申出につき１年以内の期間
申出期限	開始の日の１か月前までに●●部□□係に申し出てください。

（２）テレワーク

制度の内容	１月につき10日を限度として、テレワークを実施することができます（時間単位で実施可）。 ※時間単位で実施する場合は、始業時刻から連続又は終業時刻まで連続して取得することができます。
申出期限	原則としてテレワークを実施予定の２営業日前までに、所属長に申し出てください。

02　個別周知・意向確認・意向聴取文書の例（厚生労働省記載例より）　261

2．その他の両立支援制度も積極的に利用しましょう。

（1）所定外労働の制限

制度の内容	小学校就学前の子を養育する場合、所定外労働を制限することを請求できます。
対象者	小学校就学前の子を養育する労働者（日々雇用労働者を除く）。 ＜対象外＞（※対象外の労働者を労使協定で締結している場合の例） ①入社１年未満の労働者　②１週間の所定労働日数が２日以下の労働者
期間	１回の請求につき１か月以上１年以内の期間
申出期限	開始の日の１か月前までに●●部□□係に申し出てください
例外	事業の正常な運営を妨げる場合は、請求を拒むことがあります。

（2）時間外労働の制限

制度の内容	小学校就学前の子を養育する場合、時間外労働を１月24時間、１年150時間以内に制限することを請求できます。
対象者	小学校就学前の子を養育する労働者。 ＜対象外＞ ①日々雇用労働者　②入社１年未満の労働者　③１週間の所定労働日数が２日以下の労働者
期間	１回の請求につき１か月以上１年以内の期間
申出期限	開始の日の１か月前までに●●部□□係に申し出てください
例外	事業の正常な運営を妨げる場合は、請求を拒むことがあります。

（3）深夜業の制限

制度の内容	小学校就学前の子を養育する場合、午後10時から午前5時までの深夜業を制限することを請求できます。
対象者	小学校就学前の子を養育する労働者。 ＜対象外＞ ①日々雇用労働者　②入社1年未満の労働者　③子の保育ができる同居の家族がいる労働者　④1週間の所定労働日数が2日以下の労働者　⑤所定労働時間の全部が深夜の労働者
期間	1回の請求につき1か月以上6か月以内の期間
申出期限	開始の日の1か月前までに●●部□□係に申し出てください。
例外	事業の正常な運営を妨げる場合は、請求を拒むことがあります。

　当社では、1，2の措置の利用の申出をしたこと又は利用したことを理由として不利益な取扱いをすることはありません。

　また、妊娠・出産、育児休業等に関するハラスメント行為を許しません。

措置の利用の意向について、以下を記載し、このページのコピーを、　年　月　日までに、●●部□□係へ提出してください。

該当するものに〇	
	始業・終業時刻の繰上げ・繰下げをする。
	テレワークを実施する。
	いずれも利用する意向はない。
	検討中

　（注）上記措置のうち、ひとつを選択して利用することがで

02　個別周知・意向確認・意向聴取文書の例（厚生労働省記載例より）　263

きます。

【提出日】　●年●月●日

【提出者】　所属　□□部△△課

　　　　　　氏名　◆◆　◆◆

> **【記載例4】 子が3歳になる前の意向聴取文書**
> 　柔軟な働き方の選択に資するよう、子が3歳になる前の一定の時期に個別の意向聴取をする際に使用できる記載例です。この例では柔軟な働き方を実現するための措置として、始業・終業時刻の繰上げ・繰下げとテレワークを講じている場合の例です。意向聴取は、子が3歳になる前の個別周知・意向確認（記載例3）と併せて実施することが考えられます。

子が3歳になる前の意向聴取書記載例

仕事と育児の両立の支障となるような個別の事情の改善に資することがあれば、以下を記載し、このページのコピーを、　年　月　日までに、●●部□□係へ提出してください。

【仕事と育児の両立に関する意向】

※以下の勤務条件や両立支援制度等について、希望の条件や利用
　期間があれば記載してください。

項目		希望内容
＜勤務条件＞		
勤務時間帯（始業及び終業の時刻）		
勤務地（就業の場所）		
＜両立支援制度等の利用期間＞		
所定外労働の制限		
時間外労働の制限		
深夜業の制限		
子の看護等休暇		
柔軟な働き方を実現するための措置	①始業・終業時刻の繰上げ・繰下げ	
	②テレワーク	
その他（注）		

02　個別周知・意向確認・意向聴取文書の例（厚生労働省記載例より）　265

（注）「その他」欄では、育児休業、短時間勤務について法を上回る範囲の労働者に適用している等の場合に、当該制度ついて意向の聴取を行うことが想定されます。

【その他、仕事と育児の両立に資する就業の条件について、希望すること（その理由）】

※障害のある子や医療的ケアを必要とする子を養育している場合や、ひとり親である等の場合であって、仕事と育児の両立に資する就業の条件について希望することがあれば、こちらに記載してください。

【提出日】　●年●月●日

【提出者】　所属　□□部△△課

03 育児・介護休業等に関する規則の規定例

〈参考:厚生労働省規定例詳細版(令和6年1月作成)・簡易版(令和6年11月作成)〉

※ 下線は2025年4月1日・10月1日改正にかかる箇所

第1章 目的

(目的)

第1条

本規則は、従業員の育児・介護休業(出生時育児休業含む。以下同じ。)、子の看護休暇、介護休暇、育児・介護のための所定外労働、時間外労働及び深夜業の制限並びに育児・介護短時間勤務等に関する取扱いについて定めるものである。

第2章 育児休業制度

1 育児休業

ケース① 《有期雇用労働者のすべてを育児休業の対象とする例》

(育児休業の対象者)

第2条

1 育児のために休業することを希望する従業員(日雇従業員を除く)であって、1歳に満たない子と同居し、養育する者は、この規則に定めるところにより育児休業をすることができる。

> **コメント**
> ・第2条は育児休業の対象者についての定めです。対象範囲により、ケース①からケース③に分かれています。
> ・ケース①は育児・介護休業法(以下「法」という)で育児休業の対象外とされている一部の有期雇用労働者や、労使協定の締結により対象外とすることができる労働者についても対象とし、広く育児休業の申出を認める規定の例です。

ケース② 《法に基づき一定範囲の有期雇用労働者を育児休業の対象から除外する例》

03 育児・介護休業等に関する規則の規定例 **267**

（育児休業の対象者）

第2条

 1 育児のために休業することを希望する従業員（日雇従業員を除く）であって、1歳に満たない子と同居し、養育する者は、この規則に定めるところにより育児休業をすることができる。ただし、有期雇用従業員にあっては、申出時点において、子が1歳6か月（本条第5項又は第6項の申出にあっては2歳）に達する日までに労働契約期間が満了し、更新されないことが明らかでない者に限り、育児休業をすることができる。

コメント

- ケース②は、法に基づき一部の有期契約労働者を対象外とする規定例です。
- このケースでは、労使協定の締結により対象外とすることが可能な労働者については除外せず、育児休業の対象としています。

ケース③　《法に基づき一定範囲の有期雇用労働者と労使協定の締結により除外可能な者を除外する例》

（育児休業の対象者）

第2条

 1 育児のために休業することを希望する従業員（日雇従業員を除く）であって、1歳に満たない子と同居し、養育する者は、この規則に定めるところにより育児休業をすることができる。ただし、有期雇用従業員にあっては、申出時点において、子が1歳6か月（本条第6項又は第7項の申出にあっては2歳）に達する日までに労働契約期間が満了し、更新されないことが明らかでない者に限り育児休業をすることができる。

 2 本条第1項、第3項から第7項にかかわらず、労使協定により除外された次の従業員からの休業の申出は拒むことができる。

 ⑴ 入社1年未満の従業員

 ⑵ 申出の日から1年（本条第4項から第7項の申出にあっては6か月）以内に雇用関係が終了することが明らかな従業員

268 第4章 実務で使えるツール編

(3)　１週間の所定労働日数が２日以下の従業員

コメント

- ケース③は、法により対象外とされる一部の有期雇用労働者と、労使協定の締結により対象外とすることができる労働者をいずれも対象外とする規定例です。
- 第１項は有期雇用労働者の要件です。
- 第２項は労使協定の締結により対象外とする労働者です。

※　ケース③により規定する場合は、以下、「第２条（続き）２〜６」は、「第２条（続き）３〜７」となります。

第２条（続き）

2　配偶者が従業員と同じ日から又は従業員より先に育児休業又は出生時育児休業をしている場合、従業員は、子が１歳２か月に達するまでの間で、出生日以後の産前・産後休業期間、育児休業期間及び出生時育児休業期間との合計が１年を限度として、育児休業をすることができる。

3　次のいずれにも該当する従業員は、子が１歳６か月に達するまでの間で必要な日数について育児休業をすることができる。なお、育児休業を開始しようとする日は、原則として子の１歳の誕生日に限るものとする。ただし、配偶者が育児・介護休業法第５条第３項（本項）に基づく休業を子の１歳の誕生日から開始する場合は、配偶者の育児休業終了予定日の翌日以前の日を開始日とすることができる。

(1)　従業員又は配偶者が原則として子の１歳の誕生日の前日に育児休業をしていること

(2)　次のいずれかの事情があること

　(ｱ)　保育所等に入所を希望しているが、入所できない場合

　(ｲ)　従業員の配偶者であって育児休業の対象となる子の親であり、１歳以降育児に当たる予定であった者が、死亡、負傷、疾病等の事情により子を養育することが困難になった場合

(3)　子の１歳の誕生日以降に本項の休業をしたことがないこと

4　前項にかかわらず、産前・産後休業、出生時育児休業、介護休業又

03　育児・介護休業等に関する規則の規定例　269

は新たな育児休業が始まったことにより本条第1項又は第3項に基づく休業（配偶者の死亡等特別な事情による休業を含む）が終了し、終了事由である産前・産後休業等に係る子又は介護休業に係る対象家族が死亡等した従業員は、子が1歳6か月に達するまでの間で必要な日数について育児休業をすることができる。

> **コメント**
> ・第2条第3項と第4項は、1歳～1歳6ヵ月の休業についての定めです。
> ・第3項では、ただし書きにおいて、休業開始日の柔軟化（配偶者と交代で取得する場合は配偶者の育児休業終了予定日の翌日以前の日を開始日とすることができること）について定めています。
> ・第4項では、特別な事情がある場合、第3項の要件にかかわらず休業を取得できることが例外として追加されています。

5　次のいずれにも該当する従業員は、子が2歳に達するまでの間で必要な日数について育児休業をすることができる。なお、育児休業を開始しようとする日は、原則として子の1歳6か月の誕生日応当日に限るものとする。ただし、配偶者が育児・介護休業法第5条第4項（本項）に基づく休業を子の1歳6か月の誕生日応当日から開始する場合は、配偶者の育児休業終了予定日の翌日以前の日を開始日とすることができる。

(1)　従業員又は配偶者が子の1歳6か月の誕生日応当日の前日に育児休業をしていること

(2)　次のいずれかの事情があること

　㋐　保育所等に入所を希望しているが、入所できない場合

　㋑　従業員の配偶者であって育児休業の対象となる子の親であり、1歳6か月以降育児に当たる予定であった者が、死亡、負傷、疾病等の事情により子を養育することが困難になった場合

(3)　子の1歳6か月の誕生日応当日以降に本項の休業をしたことがないこと

6　前項にかかわらず、産前・産後休業、出生時育児休業又は新たな育児休業が始まったことにより本条第1項、第3項、第4項又は第5項

270　第4章　実務で使えるツール編

に基づく休業が終了し、終了事由である産前・産後休業等に係る子又は介護休業に係る対象家族が死亡等した従業員は、子が２歳に達するまでの間で必要な日数について育児休業をすることができる。

コメント
- 第２条第５項と第６項は、１歳６ヵ月～２歳の休業についての定めです。

（育児休業の申出の手続等）
第３条
1 育児休業をすることを希望する従業員は、原則として育児休業を開始しようとする日（以下「育児休業開始予定日」という。）の１か月前（第２条第３項から第６項（ケース③の場合は、第４項から第７項）に基づく１歳及び１歳６か月を超える休業の場合は、２週間前）までに育児休業申出書（社内様式１）を人事部労務課に提出することにより申し出るものとする。なお、育児休業中の有期雇用従業員が労働契約を更新するに当たり、引き続き休業を希望する場合には、更新された労働契約期間の初日を育児休業開始予定日として、育児休業申出書により再度の申出を行うものとする。

2 第２条第１項に基づく休業の申出は、次のいずれかに該当する場合を除き、一子につき２回までとする。
(1) 第２条第１項に基づく休業をした者が本条第１項後段の申出をしようとする場合
(2) 配偶者の死亡等特別の事情がある場合

コメント
- 第３条第２項は、１歳までの育児休業の申出回数の定めです。育児休業の回数が２回に分割して取得可能とされています。

3 第２条第３項（ケース③の場合は、第４項）に基づく休業の申出は、次のいずれかに該当する場合を除き、一子につき１回限りとする。

⑴　第2条第3項又は第4項（ケース③の場合は、第4項又は第5項）に基づく休業をした者が本条第1項後段の申出をしようとする場合

⑵　産前・産後休業、出生時育児休業、介護休業又は新たな育児休業が始まったことにより第2条第1項、第3項又は第4項（ケース③の場合は、第1項、第4項又は第5項）に基づく育児休業が終了したが、終了事由である産前・産後休業等に係る子又は介護休業に係る対象家族が死亡等した場合

4　第2条第5項（ケース③の場合は、第6項）に基づく休業の申出は、次のいずれかに該当する場合を除き、一子につき1回限りとする。

⑴　第2条第5項又は第6項（ケース③の場合は、第6項又は第7項）に基づく休業をした者が本条第1項後段の申出をしようとする場合

⑵　産前・産後休業、出生時育児休業、介護休業又は新たな育児休業が始まったことにより第2条第1項、第3項、第4項、第5項又は第6項（ケース③の場合は、第1項、第4項、第5項、第6項又は第7項）に基づく育児休業が終了したが、終了事由である産前・産後休業等に係る子又は介護休業に係る対象家族が死亡等した場合

コメント

　第3条第3項は1歳〜1歳6ヵ月の休業、第4項は、1歳6ヵ月〜2歳の休業の申出回数についての定めです。原則として申出は1回限りとするとともに、例外として、⑵の特別な事情がある場合は再度の申出ができることとされています。

5　会社は、育児休業申出書を受け取るに当たり、必要最小限度の各種証明書の提出を求めることがある。

6　育児休業申出書が提出されたときは、会社は速やかに当該育児休業申出書を提出した者（以下この章において「育休申出者」という。）に対し、育児休業取扱通知書（社内様式2）を交付する。

7　申出の日後に申出に係る子が出生したときは、育休申出者は、出生後2週間以内に人事部労務課に育児休業対象児出生届（社内様式3）を提出しなければならない。

（育児休業の申出の撤回等）
第4条
1　育休申出者は、育児休業開始予定日の前日までは、育児休業申出撤回届（社内様式4）を人事部労務課に提出することにより、育児休業の申出を撤回することができる。
2　育児休業申出撤回届が提出されたときは、会社は速やかに当該育児休業申出撤回届を提出した者に対し、育児休業取扱通知書（社内様式2）を交付する。
3　第2条第1項に基づく休業の申出の撤回は、撤回1回につき1回休業したものとみなす。第2条第3項又は第4項（ケース③の場合は、第4項又は第5項）及び第5項又は第6項（ケース③の場合は、第6項又は第7項）に基づく休業の申出を撤回した者は、特別の事情がない限り同一の子については再度申出をすることができない。ただし、第2条第1項に基づく休業の申出を撤回した者であっても、同条第3項又は第4項（ケース③の場合は、第4項又は第5項）及び第5項又は第6項（ケース③の場合は、第6項又は第7項）に基づく休業の申出をすることができ、第2条第3項又は第4項（ケース③の場合は、第4項又は第5項）に基づく休業の申出を撤回した者であっても、同条第5項又は第6項（ケース③の場合は、第6項又は第7項）に基づく休業の申出をすることができる。

> **コメント**
> 　第4条第3項は、育児休業撤回のルールです。1歳までの育児休業については、2回までの取得が可能であることに伴い「撤回1回につき1回休業したものとみなす」こととし、1歳～1歳6ヵ月、1歳6ヵ月～2歳の休業と区別して定められています。

4　育児休業開始予定日の前日までに、子の死亡等により育休申出者が

03　育児・介護休業等に関する規則の規定例　273

休業申出に係る子を養育しないこととなった場合には、育児休業の申出はされなかったものとみなす。この場合において、育休申出者は、原則として当該事由が発生した日に、人事部労務課にその旨を通知しなければならない。

（育児休業の期間等）

第5条

1　育児休業の期間は、原則として、子が1歳に達するまで（第2条第2項から第6項（ケース③の場合は、第3項から第7項）に基づく休業の場合は、それぞれ定められた時期まで）を限度として育児休業申出書（社内様式1）に記載された期間とする。

2　本条第1項にかかわらず、会社は、育児・介護休業法の定めるところにより育児休業開始予定日の指定を行うことができる。

3　従業員は、育児休業期間変更申出書（社内様式5）により人事部労務課に、育児休業開始予定日の1週間前までに申し出ることにより、育児休業開始予定日の繰り上げ変更を、また、育児休業を終了しようとする日（以下「育児休業終了予定日」という。）の1か月前（第2条第3項から第6項（ケース③の場合は、第4項から第7項）に基づく休業をしている場合は、2週間前）までに申し出ることにより、育児休業終了予定日の繰り下げ変更を行うことができる。

　育児休業開始予定日の繰り上げ変更及び育児休業終了予定日の繰り下げ変更とも、原則として第2条第1項に基づく休業1回につき1回に限り行うことができるが、第2条第3項から第6項（ケース③の場合は、第4項から第7項）に基づく休業の場合には、第2条第1項に基づく休業とは別に、子が1歳から1歳6か月に達するまで及び1歳6か月から2歳に達するまでの期間内で、それぞれ1回、育児休業終了予定日の繰り下げ変更を行うことができる。

4　育児休業期間変更申出書が提出されたときは、会社は速やかに当該育児休業期間変更申出書を提出した者に対し、育児休業取扱通知書（社内様式2）を交付する。

5　次の各号に掲げるいずれかの事由が生じた場合には、育児休業は終

274　第4章　実務で使えるツール編

了するものとし、当該育児休業の終了日は当該各号に掲げる日とする。

(1) 子の死亡等育児休業に係る子を養育しないこととなった場合

　　当該事由が発生した日（なお、この場合において本人が出勤する日は、事由発生の日から2週間以内であって、会社と本人が話し合いの上決定した日とする。）

(2) 育児休業に係る子が1歳に達した場合等

　　子が1歳に達した日（第2条第2項（ケース③の場合は、第3項）に基づく休業の場合を除く。第2条第3項又は第4項（ケース③の場合は、第4項又は第5項）に基づく休業の場合は、子が1歳6か月に達した日。第2条第5項又は第6項（ケース③の場合は、第6項又は第7項）に基づく休業の場合は、子が2歳に達した日。）

(3) 育休申出者について、産前・産後休業、出生時育児休業、介護休業又は新たな育児休業期間が始まった場合

　　産前・産後休業、出生時育児休業、介護休業又は新たな育児休業の開始日の前日

(4) 第2条第2項（ケース③の場合は、第3項）に基づく休業において、出生日以後の産前・産後休業期間と育児休業（出生時育児休業含む）期間との合計が1年に達した場合

　　当該1年に達した日

6　本条第5項第1号の事由が生じた場合には、育休申出者は原則として当該事由が生じた日に人事部労務課にその旨を通知しなければならない。

コメント

- 第5条は育児休業の期間等についての定めです。
- 第3項は休業開始予定日の繰上げと終了予定日の繰下げについてです。規定例にはありませんが、休業開始予定日の繰上げは出産予定日前に子が出生したことや配偶者の死亡または負傷、疾病等の事由に限られていますので、それらの事由を明記しておくことも考えられます。

2　出生時育児休業（産後パパ育休）

ケース①　《有期雇用労働者のすべてを出生時育児休業の対象とする例》

（出生時育児休業の対象者）

第6条

1　育児のために休業することを希望する従業員（日雇従業員を除く）であって、産後休業をしておらず、子の出生日又は出産予定日のいずれか遅い方から8週間以内の子と同居し、養育する者は、この規則に定めるところにより出生時育児休業をすることができる。

ケース②　《法に基づき一定範囲の有期雇用労働者を出生時育児休業の対象から除外する例》

（出生時育児休業の対象者）

第6条

1　育児のために休業することを希望する従業員（日雇従業員を除く）であって、産後休業をしておらず、子の出生日又は出産予定日のいずれか遅い方から8週間以内の子と同居し、養育する者は、この規則に定めるところにより出生時育児休業をすることができる。ただし、有期雇用従業員にあっては、申出時点において、子の出生日又は出産予定日のいずれか遅い方から起算して8週間を経過する日の翌日から6か月を経過する日までに労働契約期間が満了し、更新されないことが明らかでない者に限り、出生時育児休業をすることができる。

ケース③　《法に基づき一定範囲の有期雇用労働者と労使協定の締結により除外可能な者を除外する例》

（出生時育児休業の対象者）

第6条

1　育児のために休業することを希望する従業員（日雇従業員を除く）であって、産後休業をしておらず、子の出生日又は出産予定日のいずれか遅い方から8週間以内の子と同居し、養育する者は、この規則に定めるところにより出生時育児休業をすることができる。ただし、有期雇用従業員にあっては、申出時点において、子の出生日又は出産予

定日のいずれか遅い方から8週間を経過する日の翌日から6か月を経
過する日までに労働契約期間が満了し、更新されないことが明らかで
ない者に限り、出生時育児休業をすることができる。

2 　前項にかかわらず、労使協定により除外された次の従業員からの休
業の申出は拒むことができる。

⑴ 　入社1年未満の従業員

⑵ 　申出の日から8週間以内に雇用関係が終了することが明らかな従
業員

⑶ 　1週間の所定労働日数が2日以下の従業員

コメント

- 第6条から第9条の2までは、出生時育児休業制度に関する定めです。対象
範囲により、ケース①からケース③に分けられています。
- ケース①は法により出生時育児休業の対象外とされている一部の有期雇用労
働者や、労使協定の締結により対象外とすることができる労働者についても
対象とし、広く出生時育児休業の申出を認める規定の例です。
- ケース②は、法に基づき一部の有期雇用労働者を対象外とする規定例です。
- ケース③は、法により対象外とされる一部の有期雇用労働者と、労使協定の
締結により対象外とすることができる労働者をいずれも対象外とする規定例
です。

（出生時育児休業の申出の手続等）

第7条

1 　出生時育児休業をすることを希望する従業員は、原則として出生時
育児休業を開始しようとする日（以下「出生時育児休業開始予定日」
という。）の2週間前【雇用環境整備の取組実施について労使協定を
締結している場合は2週間超1か月以内で、労使協定で定める期限を
記載してください】までに出生時育児休業申出書（社内様式1）を人
事部労務課に提出することにより申し出るものとする。なお、出生時
育児休業中の有期雇用従業員が労働契約を更新するに当たり、引き続
き休業を希望する場合には、更新された労働契約期間の初日を出生時
育児休業開始予定日として、出生時育児休業申出書により再度の申出
を行うものとする。

2　第6条第1項に基づく休業の申出は、一子につき2回に分割できる。ただし、2回に分割する場合は2回分まとめて申し出ることとし、まとめて申し出なかった場合は後の申出を拒む場合がある。

3　会社は、出生時育児休業申出書を受け取るに当たり、必要最小限度の各種証明書の提出を求めることがある。

4　出生時育児休業申出書が提出されたときは、会社は速やかに当該出生時育児休業申出書を提出した者（以下この章において「出生時育休申出者」という。）に対し、出生時育児休業取扱通知書（社内様式2）を交付する。

5　申出の日後に申出に係る子が出生したときは、出生時育休申出者は、出生後2週間以内に人事部労務課に出生時育児休業対象児出生届（社内様式3）を提出しなければならない。

コメント

- 第7条は、出生時育児休業の申出の手続き等についての定めです。
- 第1項は申出期限です。原則は2週間前ですが、労使協定の締結により2週間超1ヵ月前の期間としたときは、その期間を定めます。
- 第2項は申出回数です。出生時育児休業は2回に分割して取得できますが、育児休業と異なり2回分まとめて申し出ることが必要である旨と、まとめて申し出なかった場合は後からの申出を拒む可能性がある旨が定められています。
- 第3項から第5項の定めは育児休業の申出の手続き（第3条第5項から第7項）に準じています。

（出生時育児休業の申出の撤回等）

第8条

1　出生時育休申出者は、出生時育児休業開始予定日の前日までは、出生時育児休業申出撤回届（社内様式4）を人事部労務課に提出することにより、出生時育児休業の申出を撤回することができる。

2　出生時育児休業申出撤回届が提出されたときは、会社は速やかに当該出生時育児休業申出撤回届を提出した者に対し、出生時育児休業取扱通知書（社内様式2）を交付する。

3　第6条第1項に基づく休業の申出の撤回は、撤回1回につき1回休

業したものとみなし、みなし含め2回休業した場合は同一の子について再度申出をすることができない。

4　出生時育児休業開始予定日の前日までに、子の死亡等により出生時育休申出者が休業申出に係る子を養育しないこととなった場合には、出生時育児休業の申出はされなかったものとみなす。この場合において、出生時育休申出者は、原則として当該事由が発生した日に、人事部労務課にその旨を通知しなければならない。

コメント

- 第8条は、出生時育児休業の撤回についての定めです。
- 出生時育児休業の撤回のルールについては、育児休業の撤回ルールを準用することとされており、それに沿った定めとなっています。

（出生時育児休業の期間等）
第9条

1　出生時育児休業の期間は、原則として、子の出生後8週間以内のうち4週間（28日）を限度として出生時育児休業申出書（社内様式1）に記載された期間とする。

2　本条第1項にかかわらず、会社は、育児・介護休業法の定めるところにより出生時育児休業開始予定日の指定を行うことができる。

3　従業員は、出生時育児休業期間変更申出書（社内様式5）により人事部労務課に、出生時育児休業開始予定日の1週間前までに申し出ることにより、出生時育児休業開始予定日の繰り上げ変更を休業1回につき1回、また、出生時育児休業を終了しようとする日（以下「出生時育児休業終了予定日」という。）の2週間前までに申し出ることにより、出生時育児休業終了予定日の繰り下げ変更を休業1回につき1回行うことができる。

4　出生時育児休業期間変更申出書が提出されたときは、会社は速やかに当該出生時育児休業期間変更申出書を提出した者に対し、出生時育児休業取扱通知書（社内様式2）を交付する。

5　次の各号に掲げるいずれかの事由が生じた場合には、出生時育児休

03　育児・介護休業等に関する規則の規定例　279

業は終了するものとし、当該出生時育児休業の終了日は当該各号に掲げる日とする。

(1) 子の死亡等出生時育児休業に係る子を養育しないこととなった場合

　当該事由が発生した日（なお、この場合において本人が出勤する日は、事由発生の日から2週間以内であって、会社と本人が話し合いの上決定した日とする。）

(2) 子の出生日の翌日又は出産予定日の翌日のいずれか遅い方から8週間を経過する場合

　子の出生日の翌日又は出産予定日の翌日のいずれか遅い方から8週間を経過する日

(3) 子の出生日（出産予定日後に出生した場合は、出産予定日）以後に出生時育児休業の日数が28日に達した場合

　子の出生日（出産予定日後に出生した場合は、出産予定日）以後に出生時育児休業の日数が28日に達した日

(4) 出生時休申出者について、産前・産後休業、育児休業、介護休業又は新たな出生時育児休業期間が始まった場合

　産前・産後休業、育児休業、介護休業又は新たな出生時育児休業の開始日の前日

6　本条第5項第1号の事由が生じた場合には、出生時育休申出者は原則として当該事由が生じた日に人事部労務課にその旨を通知しなければならない。

コメント

- 第9条は、出生時育児休業の期間等についての定めです。第1項は休業期間（子の出生後8週間以内のうち4週間まで）について定めています。
- 第2項は申出が遅れた場合等に法に定める範囲内で事業主が開始日を指定することを指しています。
- 第3項は休業開始予定日の繰上げと休業終了予定日の繰下げについての定めです。原則として育児休業の定めと同様ですが、繰下げについては2週間前までの申出が必要であることが1歳までの育児休業と異なります。なお、規定例にはありませんが、休業開始予定日の繰上げは出産予定日前に子が出生したことや配偶者の死亡または負傷、疾病等の事由に限られていますので、

280　第4章　実務で使えるツール編

それらの事由を明記しておくことも考えられます。
- 第4項、第6項は育児休業と同様の定めです。第5項は出生時育児休業の終了事由についての定めです。

ケース 《出生時育児休業中の就業を可能とする例》

（出生時育児休業中の就業）

第9条の2

1　出生時育児休業中に就業することを希望する従業員は、出生時育児休業中の就業可能日等申出書（社内様式15）を休業開始予定日の1週間前までに人事部労務課に提出すること。なお、1週間を切っても休業前日までは提出を受け付ける。

2　会社は、前項の申出があった場合は、申出の範囲内の就業日等を申出書を提出した従業員に対して提示する（社内様式17）。就業日がない場合もその旨通知する。従業員は提示された就業日等について、出生時育児休業中の就業日等の同意・不同意書（社内様式18）を人事部労務課に提出すること。休業前日までに同意した場合に限り、休業中に就業することができる。会社と従業員の双方が就業日等に合意したときは、会社は速やかに出生時育児休業中の就業日等通知書（社内様式20）を交付する。

3　出生時育児休業中の就業上限は、次のとおりとする。
　⑴　就業日数の合計は、出生時育児休業期間の所定労働日数の半分以下（1日未満の端数切り捨て）
　⑵　就業日の労働時間の合計は、出生時育児休業期間の所定労働時間の合計の半分以下
　⑶　出生時育児休業開始予定日又は出生時育児休業終了予定日に就業する場合は、当該日の所定労働時間数に満たない時間

4　本条第1項の申出を変更する場合は出生時育児休業中の就業可能日等変更申出書（社内様式15）を、撤回する場合は出生時育児休業中の就業可能日等申出撤回届（社内様式16）を休業前日までに人事部労務課に提出すること。就業可能日等申出撤回届が提出された場合は、会社は速やかに申出が撤回されたことを通知する（社内様式17）。

03　育児・介護休業等に関する規則の規定例　281

5　本条第2項で同意した就業日等を全部又は一部撤回する場合は、出生時育児休業中の就業日等撤回届（社内様式19）を休業前日までに人事部労務課に提出すること。出生時育児休業開始後は、次に該当する場合に限り、同意した就業日等の全部又は一部を撤回することができる。出生時育児休業中の就業日等撤回届が提出されたときは、会社は速やかに出生時育児休業中の就業日等通知書（社内様式20）を交付する。

⑴　出生時育児休業申出に係る子の親である配偶者の死亡

⑵　配偶者が負傷、疾病又は身体上若しくは精神上の障害その他これらに準ずる心身の状況により出生時育児休業申出に係る子を養育することが困難な状態になったこと

⑶　婚姻の解消その他の事情により配偶者が出生時育児休業申出に係る子と同居しないこととなったこと

⑷　出生時育児休業申出に係る子が負傷、疾病又は身体上若しくは精神上の障害その他これらに準ずる心身の状況により、2週間以上の期間にわたり世話を必要とする状態になったとき

コメント

- 第9条の2は、出生時育児休業の期間中に就業を認める場合の定めです。出生時育児休業中の就業を認めない場合は、本条の定めは不要です。
- 第1項の就業の申出は、法令上は前日まで可能ですが、この規定例のように前日までは受け付けることとしつつ、原則として1週間前といった期限を設けることも考えられます。
- 第2項は就業を認める場合の一連の手続きの流れが定められています。
- 第3項は就業の上限です。
- 第4項は労働者が申し出た就業可能日等を変更または撤回する場合、第5項は事業主から提示された就業日等に同意した後に、就業日等を撤回する場合の定めです。

282　第4章　実務で使えるツール編

第3章 介護休業制度

ケース① 《有期雇用労働者のすべてを介護休業の対象とする例》

（介護休業の対象者）

第10条

1 要介護状態にある家族を介護する従業員（日雇従業員を除く）は、この規則に定めるところにより介護休業をすることができる。

コメント

- 第10条は介護休業の対象者についての定めです。対象範囲により、ケース①からケース③に分かれています。
- ケース①は法により育児休業の対象外とされている一部の有期雇用労働者や、労使協定の締結により対象外とすることができる労働者についても対象とし、広く介護休業の申出を認める規定の例です。

ケース② 《法に基づき一定範囲の有期雇用労働者を介護休業の対象から除外する例》

（介護休業の対象者）

第10条

1 要介護状態にある家族を介護する従業員（日雇従業員を除く）は、この規則に定めるところにより介護休業をすることができる。ただし、有期雇用従業員にあっては、申出時点において、介護休業を開始しようとする日（以下、「介護休業開始予定日」という。）から93日経過日から6か月を経過する日までに労働契約期間が満了し、更新されないことが明らかでない者に限り、介護休業をすることができる。

コメント

- ケース②は、法に基づき一部の有期雇用労働者を対象外とする規定例です。
- このケースでは、労使協定の締結により対象外とすることが可能な労働者については除外せず、介護休業の対象としています。

---

03 育児・介護休業等に関する規則の規定例 283

ケース③ 《法に基づき一定範囲の有期雇用労働者と労使協定の締結により除外可能な者を除外する例》

（介護休業の対象者）

第10条

1 　要介護状態にある家族を介護する従業員（日雇従業員を除く）は、この規則に定めるところにより介護休業をすることができる。ただし、有期雇用従業員にあっては、申出時点において、介護休業を開始しようとする日（以下、「介護休業開始予定日」という。）から93日経過日から６か月を経過する日までに労働契約期間が満了し、更新されないことが明らかでない者に限り介護休業をすることができる。

2 　本条第１項にかかわらず、労使協定により除外された次の従業員からの休業の申出は拒むことができる。

　⑴ 　入社１年未満の従業員

　⑵ 　申出の日から93日以内に雇用関係が終了することが明らかな従業員

　⑶ 　１週間の所定労働日数が２日以下の従業員

> **コメント**
>
> ・ケース③は、法により対象外とされる一部の有期雇用労働者と、労使協定の締結により対象外とすることができる労働者をいずれも対象外とする規定例です。
> ・第１項は有期雇用労働者の要件です。
> ・第２項は労使協定の締結により対象外とする労働者です。

※ 　ケース③により規定する場合は、以下、「第10条（続き）２」は、「第10条（続き）３」となります。

第10条（続き）

2 　この要介護状態にある家族とは、負傷、疾病又は身体上若しくは精神上の障害により、２週間以上の期間にわたり常時介護を必要とする状態にある次の者をいう。

　⑴ 　配偶者

　⑵ 　父母

284　第４章　実務で使えるツール編

⑶　子

⑷　配偶者の父母

⑸　祖父母、兄弟姉妹又は孫

⑹　上記以外の家族で会社が認めた者

（介護休業の申出の手続等）

第11条

　　1　介護休業をすることを希望する従業員は、原則として介護休業開始予定日の２週間前までに、介護休業申出書（社内様式６）を人事部労務課に提出することにより申し出るものとする。なお、介護休業中の有期契約従業員が労働契約を更新するに当たり、引き続き休業を希望する場合には、更新された労働契約期間の初日を介護休業開始予定日として、介護休業申出書により再度の申出を行うものとする。

　　2　申出は、対象家族１人につき３回までとする。ただし、本条第１項の後段の申出をしようとする場合にあっては、この限りでない。

　　3　会社は、介護休業申出書を受け取るに当たり、必要最小限度の各種証明書の提出を求めることがある。

　　4　介護休業申出書が提出されたときは、会社は速やかに当該介護休業申出書を提出した者（以下この章において「申出者」という。）に対し、介護休業取扱通知書（社内様式２）を交付する。

（介護休業の申出の撤回等）

第12条

　　1　申出者は、介護休業開始予定日の前日までは、介護休業申出撤回届（社内様式４）を人事部労務課に提出することにより、介護休業の申出を撤回することができる。

　　2　介護休業申出撤回届が提出されたときは、会社は速やかに当該介護休業申出撤回届を提出した者に対し、介護休業取扱通知書（社内様式２）を交付する。

　　3　同一対象家族について２回連続して介護休業の申出を撤回した者について、当該家族について再度の申出はすることができない。ただ

し、会社がこれを適当と認めた場合には、申し出ることができるもの
とする。

4　介護休業開始予定日の前日までに、申出に係る家族の死亡等により
申出者が家族を介護しないこととなった場合には、介護休業の申出は
されなかったものとみなす。この場合において、申出者は、原則とし
て当該事由が発生した日に、人事部労務課にその旨を通知しなければ
ならない。

コメント

　第11条は介護休業の申出期限、申出回数、申出方法等の手続きについての定
め、第12条は申出の撤回についての定めです。

（介護休業の期間等）
第13条

1　介護休業の期間は、対象家族１人につき、原則として、通算93日の
範囲内で、介護休業申出書（社内様式６）に記載された期間とする。

2　本条第１項にかかわらず、会社は、育児・介護休業法の定めるとこ
ろにより介護休業開始予定日の指定を行うことができる。

3　従業員は、介護休業期間変更申出書（社内様式５）により、介護休
業を終了しようとする日（以下「介護休業終了予定日」という。）の
２週間前までに人事部労務課に申し出ることにより、介護休業終了予
定日の繰下げ変更を行うことができる。

　この場合において、介護休業開始予定日から変更後の介護休業終了
予定日までの期間は通算93日の範囲を超えないことを原則とする。

4　介護休業期間変更申出書が提出されたときは、会社は速やかに当該
介護休業期間変更申出書を提出した者に対し、介護休業取扱通知書
（社内様式２）を交付する。

5　次の各号に掲げるいずれかの事由が生じた場合には、介護休業は終
了するものとし、当該介護休業の終了日は当該各号に掲げる日とす
る。

⑴　家族の死亡等介護休業に係る家族を介護しないこととなった場合

286　第４章　実務で使えるツール編

当該事由が発生した日（なお、この場合において本人が出勤する日は、事由発生の日から2週間以内であって、会社と本人が話し合いの上決定した日とする。）

⑵　申出者について、産前・産後休業、育児休業、出生時育児休業又は新たな介護休業が始まった場合

産前・産後休業、育児休業、出生時育児休業又は新たな介護休業の開始日の前日

6　本条第5項第1号の事由が生じた場合には、申出者は原則として当該事由が生じた日に人事部労務課にその旨を通知しなければならない。

> **コメント**
>
> 　第13条は介護休業の期間、休業期間の変更（終了予定日の繰下げ）、休業の終了事由等に関する定めです。

第4章　子の看護等休暇

ケース①　《労働者のすべてを対象とする例》

（子の看護等休暇）

第14条

1　小学校第3学年修了までの子を養育する従業員（日雇従業員を除く）は、次に定める当該子の世話等のために、就業規則第○条に規定する年次有給休暇とは別に、当該子が1人の場合は1年間につき5日、2人以上の場合は1年間につき10日を限度として、子の看護等休暇を取得することができる。この場合の1年間とは、4月1日から翌年3月31日までの期間とする。

⑴　負傷し、又は疾病にかかった子の世話

⑵　当該子に予防接種や健康診断を受けさせること

⑶　感染症に伴う学級閉鎖等になった子の世話

⑷　当該子の入園（入学）式、卒園式への参加

2　子の看護等休暇は、時間単位で始業時刻から連続又は終業時刻まで

03　育児・介護休業等に関する規則の規定例　287

連続して取得することができる。

3　取得しようとする者は、原則として、子の看護等休暇申出書（社内様式7）を事前に人事部労務課に申し出るものとする。

4　本制度の適用を受ける間の給与については、別途定める給与規定に基づく労務提供のなかった時間分に相当する額を控除した額を支給する。

5　賞与については、その算定対象期間に本制度の適用を受ける期間がある場合においては、労務提供のなかった時間に対応する賞与は支給しない。

6　定期昇給及び退職金の算定に当たっては、本制度の適用を受ける期間を通常の勤務をしているものとみなす。

コメント

- 第14条は子の看護等休暇の定めです。2025年4月1日施行の改正法が反映され、対象となる子の範囲が「小学校第3学年修了まで」とされています。また、休暇を取得できる事由に感染予防のための学級閉鎖等や、入園、入学、卒園式等への参加が追加されています。
- ケース①は、日雇労働者を除く、すべての労働者を対象とするケースです。
- 第2項は時間単位の取得についての定めです。
- 第3項では、休暇は申請書により事前に申し出ることと定められています。原則としてこのような取扱いとすることは差し支えありませんが、子が負傷・疾病したその日に取得できるよう、法令では特に申出期限や、申出を書面で行うことを定めていないため、当日の口頭による申出であったとしても、書面による事前の申請がなかったことを理由に取得を拒むことはできません。
- 第4項から第6項は各社の実情に応じて定めますが、勤務しなかった時間数を超えて賃金を減額したり、賞与、昇給等で不利益な算定を行うことは禁止されています。

ケース②　《労使協定の締結により除外可能な者を除外する例》

（子の看護等休暇）

第14条

1　小学校第3学年修了までの子を養育する従業員（日雇従業員を除く）は、次に定める当該子の世話等のために、就業規則第○条に規定する年次有給休暇とは別に、当該子が1人の場合は1年間につき5

288　第4章　実務で使えるツール編

日、2人以上の場合は1年間につき10日を限度として、子の看護等休暇を取得することができる。この場合の1年間とは、4月1日から翌年3月31日までの期間とする。

⑴　負傷し、又は疾病にかかった子の世話

⑵　当該子に予防接種や健康診断を受けさせること

⑶　感染症に伴う学級閉鎖等になった子の世話

⑷　当該子の入園（入学）式、卒園式への参加

　　ただし、事業主は労使協定によって除外された、1週間の所定労働日数が2日以下の従業員からの子の看護等休暇の申出は拒むことができる。

2～6（略）

コメント

- ケース②は、労使協定の締結により子の看護等休暇の対象外とすることができる労働者を対象外とする規定例です。2025年4月1日施行の改正法が反映され、「入社6か月未満の従業員」が削除されています。
- この規定例にはありませんが、時間単位の取得（第2項）について、業務の性質もしくは実施体制に照らして、時間単位で取得することが困難な業務に従事する労働者は、労使協定を締結することにより時間単位の取得の対象外とすることが可能です。

03　育児・介護休業等に関する規則の規定例　289

第5章　介護休暇

ケース① 《労働者のすべてを対象とする例》
（介護休暇）
第15条

1　要介護状態にある家族の介護その他の世話をする従業員（日雇従業員を除く）は、就業規則第○条に規定する年次有給休暇とは別に、当該家族が1人の場合は1年間につき5日、2人以上の場合は1年間につき10日を限度として、介護休暇を取得することができる。この場合の1年間とは、4月1日から翌年3月31日までの期間とする。

2　介護休暇は、時間単位で始業時刻から連続又は終業時刻まで連続して取得することができる。

3　取得しようとする者は、原則として、介護休暇申出書（社内様式○）を事前に人事部労務課に申し出るものとする。

4　本制度の適用を受ける間の給与については、別途定める給与規定に基づく労務提供のなかった時間分に相当する額を控除した額を支給する。

5　賞与については、その算定対象期間に本制度の適用を受ける期間がある場合においては、労務提供のなかった時間に対応する賞与は支給しない。

6　定期昇給及び退職金の算定に当たっては、本制度の適用を受ける期間を通常の勤務をしているものとみなす。

コメント

- 第15条は介護休暇の定めです。ケース①は、日雇労働者を除く、すべての労働者を対象とするケースです。
- 第2項は時間単位の取得についての定めです。時間単位の取得は、育児・介護休業法施行規則の改正により、2021年1月1日に施行されました。
- 第3項については、子の看護等休暇と同様、法令では特に介護休暇の申出期限や、申出を書面で行うことを定めていないため、当日の口頭による申出であったとしても、書面による事前の申請がなかったことを理由に取得を拒むことはできません。

- 第４項から第６項は各社の実情に応じて定めますが、勤務しなかった時間数を超えて賃金を減額したり、賞与、昇給等で不利益な算定を行うことは禁止されています。

ケース②　《労使協定の締結により除外可能な者を除外する例》
（介護休暇）
第15条

1　要介護状態にある家族の介護その他の世話をする従業員（日雇従業員を除く）は、就業規則第○条に規定する年次有給休暇とは別に、当該家族が１人の場合は１年間につき５日、２人以上の場合は１年間につき10日を限度として、介護休暇を取得することができる。この場合の１年間とは、４月１日から翌年３月31日までの期間とする。ただし、事業主は労使協定によって除外された１週間の所定労働日数が２日以下の従業員からの介護休暇の申出は拒むことができる。

2～6　（略）

> ### コメント
>
> - ケース②は、労使協定の締結により介護休暇の対象外とすることができる労働者を対象外とする規定例です。2025年４月１日施行の改正法が反映され、「入社６か月未満の従業員」が削除されています。
> - この規定例にはありませんが、時間単位の取得（第２項）について、業務の性質もしくは実施体制に照らして、時間単位で取得することが困難な業務に従事する労働者は、労使協定を締結することにより時間単位の取得の対象外とすることが可能です。

第6章　所定外労働の制限

（育児・介護のための所定外労働の制限）
第16条
1　小学校就学の始期に達するまでの子を養育する従業員（日雇従業員を除く）が当該子を養育するため、又は要介護状態にある家族を介護する従業員（日雇従業員を除く）が当該家族を介護するために請求した場合には、事業の正常な運営に支障がある場合を除き、所定労働時間を超えて労働をさせることはない。

2　請求をしようとする者は、1回につき、1か月以上1年以内の期間（以下この条において「制限期間」という。）について、制限を開始しようとする日（以下この条において「制限開始予定日」という。）及び制限を終了しようとする日を明らかにして、原則として、制限開始予定日の1か月前までに、育児・介護のための所定外労働制限請求書（社内様式8）を人事部労務課に提出するものとする。この場合において、制限期間は、次条第3項に規定する制限期間と重複しないようにしなければならない。

3　会社は、所定外労働制限請求書を受け取るに当たり、必要最小限度の各種証明書の提出を求めることがある。

4　請求の日後に請求に係る子が出生したときは、所定外労働制限請求書を提出した者（以下この条において「請求者」という。）は、出生後2週間以内に人事部労務課に所定外労働制限対象児出生届（社内様式3）を提出しなければならない。

5　制限開始予定日の前日までに、請求に係る子又は家族の死亡等により請求者が子を養育又は家族を介護しないこととなった場合には、請求されなかったものとみなす。この場合において、請求者は、原則として当該事由が発生した日に、人事部労務課にその旨を通知しなければならない。

6　次の各号に掲げるいずれかの事由が生じた場合には、制限期間は終了するものとし、当該制限期間の終了日は当該各号に掲げる日とする。

⑴　子又は家族の死亡等制限に係る子を養育又は家族を介護しないこととなった場合

　　当該事由が発生した日

⑵　制限に係る子が３歳に達した場合

　　当該３歳に達した日

⑶　請求者について、産前・産後休業、育児休業、出生時育児休業又は介護休業が始まった場合

　　産前・産後休業、育児休業、出生時育児休業又は介護休業の開始日の前日

7　本条第６項第１号の事由が生じた場合には、請求者は原則として当該事由が生じた日に、人事部労務課にその旨を通知しなければならない。

《労使協定の締結により除外可能な者をすべて除外する例》

2　本条第１項にかかわらず、労使協定によって除外された次の従業員からの所定外労働の制限の請求は拒むことができる。

⑴　入社１年未満の従業員

⑵　１週間の所定労働日数が２日以下の従業員

（3以降順次繰り下げ）

コメント

- 第16条は、所定外労働の制限に関する定めです。2025年４月１日施行の改正法により、対象となる子の範囲が、「小学校就学の始期に達するまでの子」とされました。
- 第１項は日雇労働者を除くすべての労働者を対象とするケースです。労使協定の締結により一定範囲の労働者を除外する場合は、《労使協定の締結により除外可能な者をすべて除外する例》を参考に、第１項の後に条文を挿入する必要があります。なお、有期雇用労働者はこの制度の対象です。
- 第２項は申出の手続き等について定めています。所定外労働の制限は１ヵ月前までに書面等により請求する必要がありますが、本項では「原則として」と定めていることから、法を上回る定めとなっています。

03　育児・介護休業等に関する規則の規定例　293

第7章　時間外労働の制限

（育児・介護のための時間外労働の制限）
第17条

1　小学校就学の始期に達するまでの子を養育する従業員が当該子を養育するため又は要介護状態にある家族を介護する従業員が当該家族を介護するために請求した場合には、就業規則第○条の規定及び時間外労働に関する協定にかかわらず、事業の正常な運営に支障がある場合を除き、1か月について24時間、1年について150時間を超えて時間外労働をさせることはない。

2　本条第1項にかかわらず、次の⑴から⑶のいずれかに該当する従業員からの時間外労働の制限の請求は拒むことができる。
　⑴　日雇従業員
　⑵　入社1年未満の従業員
　⑶　1週間の所定労働日数が2日以下の従業員

3　請求をしようとする者は、1回につき、1か月以上1年以内の期間（以下この条において「制限期間」という。）について、制限を開始しようとする日（以下この条において「制限開始予定日」という。）及び制限を終了しようとする日を明らかにして、原則として、制限開始予定日の1か月前までに、育児・介護のための時間外労働制限請求書（社内様式9）を人事部労務課に提出するものとする。この場合において、制限期間は、前条第2項に規定する制限期間と重複しないようにしなければならない。

4　会社は、時間外労働制限請求書を受け取るに当たり、必要最小限度の各種証明書の提出を求めることがある。

5　請求の日後に請求に係る子が出生したときは、時間外労働制限請求書を提出した者（以下この条において「請求者」という。）は、出生後2週間以内に人事部労務課に時間外労働制限対象児出生届（社内様式3）を提出しなければならない。

6　制限開始予定日の前日までに、請求に係る子又は家族の死亡等により請求者が子を養育又は家族を介護しないこととなった場合には、請

294　第4章　実務で使えるツール編

求されなかったものとみなす。この場合において、請求者は、原則として当該事由が発生した日に、人事部労務課にその旨を通知しなければならない。

7　次の各号に掲げるいずれかの事由が生じた場合には、制限期間は終了するものとし、当該制限期間の終了日は当該各号に掲げる日とする。

(1)　子又は家族の死亡等制限に係る子を養育又は家族を介護しないこととなった場合

　　当該事由が発生した日

(2)　制限に係る子が小学校就学の始期に達した場合

　　子が6歳に達する日の属する年度の3月31日

(3)　請求者について、産前・産後休業、育児休業、出生時育児休業又は介護休業が始まった場合

　　産前・産後休業、育児休業、出生時育児休業又は介護休業の開始日の前日

8　本条第7項第1号の事由が生じた場合には、請求者は原則として当該事由が生じた日に、人事部労務課にその旨を通知しなければならない。

コメント

- 第17条は、時間外労働の制限に関する定めです。
- 第2項は、時間外労働の制限の請求を拒むことができる労働者の定めです。時間外労働の制限は、法令によりその範囲が定められています。なお、有期雇用労働者はこの制度の対象です。
- 第3項は申出の手続き等について定めています。時間外労働の制限は1ヵ月前までに書面等により請求する必要がありますが、本項では「原則として」と定めていることから、法を上回る定めとなっています。

03　育児・介護休業等に関する規則の規定例　295

第 8 章　深夜業の制限

（育児・介護のための深夜業の制限）
第18条

1　小学校就学の始期に達するまでの子を養育する従業員が当該子を養育するため又は要介護状態にある家族を介護する従業員が当該家族を介護するために請求した場合には、就業規則第○条の規定にかかわらず、事業の正常な運営に支障がある場合を除き、午後10時から午前 5 時までの間（以下「深夜」という。）に労働させることはない。

2　本条第 1 項にかかわらず、次のいずれかに該当する従業員からの深夜業の制限の請求は拒むことができる。

⑴　日雇従業員

⑵　入社 1 年未満の従業員

⑶　請求に係る家族の16歳以上の同居の家族が次のいずれにも該当する従業員

　㋐　深夜において就業していない者（ 1 か月について深夜における就業が 3 日以下の者を含む。）であること。

　㋑　心身の状況が請求に係る子の保育又は家族の介護をすることができる者であること。

　㋒　 6 週間（多胎妊娠の場合にあっては、14週間）以内に出産予定でなく、かつ産後 8 週間以内でない者であること。

⑷　 1 週間の所定労働日数が 2 日以下の従業員

⑸　所定労働時間の全部が深夜にある従業員

3　請求をしようとする者は、 1 回につき、 1 か月以上 6 か月以内の期間（以下この条において「制限期間」という。）について、制限を開始しようとする日（以下この条において「制限開始予定日」という。）及び制限を終了しようとする日を明らかにして、原則として、制限開始予定日の 1 か月前までに、育児・介護のための深夜業制限請求書（社内様式10）を人事部労務課に提出するものとする。

4　会社は、深夜業制限請求書を受け取るに当たり、必要最小限度の各種証明書の提出を求めることがある。

5 請求の日後に請求に係る子が出生したときは、深夜業制限請求書を提出した者（以下この条において「請求者」という。）は、出生後2週間以内に人事部労務課に深夜業制限対象児出生届（社内様式3）を提出しなければならない。

6 制限開始予定日の前日までに、請求に係る子又は家族の死亡等により請求者が子を養育又は家族を介護しないこととなった場合には、請求されなかったものとみなす。この場合において、請求者は、原則として当該事由が発生した日に、人事部労務課にその旨を通知しなければならない。

7 次の各号に掲げるいずれかの事由が生じた場合には、制限期間は終了するものとし、当該制限期間の終了日は当該各号に掲げる日とする。

(1) 子又は家族の死亡等制限に係る子を養育又は家族を介護しないこととなった場合

当該事由が発生した日

(2) 制限に係る子が小学校就学の始期に達した場合

子が6歳に達する日の属する年度の3月31日

(3) 請求者について、産前・産後休業、育児休業、出生時育児休業又は介護休業が始まった場合

産前・産後休業、育児休業、出生時育児休業又は介護休業の開始日の前日

8 本条第7項第1号の事由が生じた場合には、請求者は原則として当該事由が生じた日に、人事部労務課にその旨を通知しなければならない。

9 制限期間中の給与については、別途定める給与規定に基づく労務提供のなかった時間分に相当する額を控除した基本給と諸手当の全額を支給する。

10 深夜業の制限を受ける従業員に対して、会社は必要に応じて昼間勤務へ転換させることがある。

```
コメント
```
- 第18条は、深夜業の制限に関する定めです。
- 第２項は、深夜業の制限の請求を拒むことができる労働者の定めです。深夜業の制限は、法令によりその範囲が定められています。なお、有期雇用労働者はこの制度の対象です。
- 第３項は申出の手続き等について定めています。深夜業の制限は１ヵ月前までに書面等により請求する必要がありますが、本項では「原則として」と定めていることから、法を上回る定めとなっています。

第９章　所定労働時間の短縮措置等

（育児短時間勤務）

第19条

1　３歳に満たない子を養育する従業員は、申し出ることにより、就業規則第○条の所定労働時間について、以下のように変更することができる。

　　所定労働時間を午前９時から午後４時まで（うち休憩時間は、午前12時から午後１時までの１時間とする。）の６時間とする（１歳に満たない子を育てる女性従業員は更に別途30分ずつ２回の育児時間を請求することができる。）。

2　本条第１項にかかわらず、日雇従業員及び１日の所定労働時間が６時間以下である従業員からの育児短時間勤務の申出は拒むことができる。

3　申出をしようとする者は、１回につき、１か月以上１年以内の期間について、短縮を開始しようとする日及び短縮を終了しようとする日を明らかにして、原則として、短縮開始予定日の１か月前までに、育児短時間勤務申出書（社内様式11）により人事部労務課に申し出なければならない。申出書が提出されたときは、会社は速やかに申出者に対し、育児短時間勤務取扱通知書（社内様式13）を交付する。その他適用のための手続等については、第３条から第５条までの規定（第３条第２項、第３項、第４項及び第４条第３項を除く。）を準用する。

4　本制度の適用を受ける間の給与については、別途定める給与規定に

基づく労務提供のなかった時間分に相当する額を控除した基本給と諸手当の全額を支給する。

5　賞与については、その算定対象期間に本制度の適用を受ける期間がある場合においては、短縮した時間に対応する賞与は支給しない。

6　定期昇給及び退職金の算定に当たっては、本制度の適用を受ける期間は通常の勤務をしているものとみなす。

《労使協定の締結により除外可能な者を除外する例》

2　本条第1項にかかわらず、次のいずれかに該当する従業員からの育児短時間勤務の申出は拒むことができる。

(1)　日雇従業員

(2)　1日の所定労働時間が6時間以下である従業員

(3)　労使協定によって除外された次の従業員

　　(ア)　入社1年未満の従業員

　　(イ)　1週間の所定労働日数が2日以下の従業員

3〜6　（略）

コメント

- 第19条は、育児短時間勤務に関する定めです。
- 第2項は、育児短時間勤務の対象外とする労働者です。このほか、労使協定の締結により一定範囲の労働者を対象外とする場合は、《労使協定の締結により除外可能な者を除外する例》を参考に、条文を挿入する必要があります。なお、規定例にはありませんが、業務の性質または実施体制に照らして、育児短時間勤務の制度を適用することが困難と認められる業務に従事する者についても、労使協定の締結により育児短時間勤務の対象外とすることが可能です。この場合、対象外とした労働者について、一定の代替措置を講じる必要があります。代替措置についての規定例は第19条の2を参照してください。
- 第3項は申出の手続き等について定めています。育児短時間勤務の手続きについては法令に定めがありませんので、事業主が定めることが可能です。規定例では、育児休業に準じた手続きとしています。
- 第4項から第6項については、各社の実情に応じて定めますが、勤務しなかった時間数を超えて賃金を減額したり、賞与、昇給等で不利益な算定を行うことは禁止されています。

03　育児・介護休業等に関する規則の規定例　299

（柔軟な働き方を実現するための措置）

第20条

1　３歳から小学校就学の始期に達するまでの子を養育する従業員（対象従業員）は、柔軟な働き方を実現するために申し出ることにより、次のいずれか１つの措置を選択して受けることができる。

　⑴　始業・終業時刻の繰上げ・繰下げ

　⑵　テレワーク

2　本条第１項にかかわらず、日雇従業員からの申出は拒むことができる。

3　本条第１項第１号に定める始業・終業時刻の繰上げ・繰下げの措置内容及び申出については、次のとおりとする。

　⑴　対象従業員は、申し出ることにより、就業規則第○条の始業及び終業の時刻について、以下のように変更することができる。

　　•通常勤務＝午前８時30分始業、午後５時30分終業

　　•時差出勤Ａ＝午前８時始業、午後５時終業

　　•時差出勤Ｂ＝午前９時始業、午後６時終業

　　•時差出勤Ｃ＝午前10時始業、午後７時終業

　⑵　申出をしようとする者は、１回につき１年以内の期間について、制度の適用を開始しようとする日及び終了しようとする日並びに時差出勤Ａから時差出勤Ｃのいずれに変更するかを明らかにして、原則として適用開始予定日の１か月前までに、育児時差出勤申出書により人事部労務課に申し出なければならない。

4　本条第１項第２号に定めるテレワークの措置内容及び申出については、次のとおりとする。

　⑴　対象従業員は、本人の希望により、１月につき10日を限度としてテレワークを行うことができる。

　⑵　テレワークは、時間単位で始業時刻から連続又は終業時刻まで連続して実施することができるものとする。

　⑶　テレワークの実施場所は、従業員の自宅、その他自宅に準じる場所（会社の認めた場所に限る。）とする。

　⑷　テレワークを行う者は、原則として勤務予定の２営業日前まで

300　第４章　実務で使えるツール編

に、テレワーク申出書により所属長に申し出なければならない。

《労使協定の締結により除外可能な者を除外する例》

2　本条第１項にかかわらず、次のいずれかに該当する従業員からの申出は拒むことができる。

(1)　日雇従業員

(2)　労使協定によって除外された次の従業員

　(ｱ)　入社１年未満の従業員

　(ｲ)　１週間の所定労働日数が２日以下の従業員

3～4　（略）

コメント

- 第20条は、2025年10月１日に施行される「柔軟な働き方を実現するための措置」に関する定めです。
- 第２項は本措置の対象外とする労働者です。このほか、労使協定の締結により一定範囲の労働者を対象外とする場合は、《労使協定締結により除外可能な者を除外する例》を参考に、条文を挿入する必要があります。
- 事業主は①始業時刻変更等の措置（時差出勤制度またはフレックスタイム制度）、②在宅勤務等の措置、③育児短時間勤務、④新たな休暇の付与、⑤保育施設の設置運営その他これに準ずる便宜の供与のうち２以上の措置を講じる必要があります。この規定は、時差出勤制度と在宅勤務等について措置を講じた例です。

（介護短時間勤務）

第21条

1　要介護状態にある家族を介護する従業員は、申し出ることにより、当該家族１人当たり利用開始の日から３年の間で２回までの範囲内で、就業規則第○条の所定労働時間について、以下のように変更することができる。

　　所定労働時間を午前９時から午後４時まで（うち休憩時間は、午前12時から午後１時までの１時間とする。）の６時間とする。

2　本条第１項にかかわらず、日雇従業員からの介護短時間勤務の申出は拒むことができる。

03　育児・介護休業等に関する規則の規定例　301

3 申出をしようとする者は、短縮を開始しようとする日及び短縮を終了しようとする日を明らかにして、原則として、短縮開始予定日の2週間前までに、介護短時間勤務申出書（社内様式12）により人事部労務課に申し出なければならない。申出書が提出されたときは、会社は速やかに申出者に対し、介護短時間勤務取扱通知書（社内様式13）を交付する。その他適用のための手続等については、第11条から第13条までの規定を準用する。

4 本制度の適用を受ける間の給与については、別途定める給与規定に基づく労務提供のなかった時間分に相当する額を控除した基本給と諸手当の全額を支給する。

5 賞与については、その算定対象期間に本制度の適用を受ける期間がある場合においては、短縮した時間に対応する賞与は支給しない。

6 定期昇給及び退職金の算定に当たっては、本制度の適用を受ける期間は通常の勤務をしているものとみなす。

《労使協定の締結により除外可能な者を除外する例》

2 本条第1項にかかわらず、次のいずれかに該当する従業員からの介護短時間勤務の申出は拒むことができる。

(1) 日雇従業員

(2) 労使協定によって除外された次の従業員

(ア) 入社1年未満の従業員

(イ) 1週間の所定労働日数が2日以下の従業員

3～6 （略）

コメント

- 第21条は、介護短時間勤務に関する定めです。事業主は、要介護状態の家族を介護する労働者に対して、①介護短時間勤務、②フレックスタイム、③時差出勤、④介護サービスの費用の助成等のいずれかの措置を講じる必要があります。この規定例は①の短時間勤務の措置を講じる場合の例です。③、④の措置を講じる場合の規定例については、304ページ以降を参照してください。
- 第2項は介護短時間勤務の対象外とする労働者です。このほか、労使協定の締結により一定範囲の労働者を対象外とする場合は、《労使協定の締結によ

り除外可能な者を除外する例》を参考に、条文を挿入する必要があります。
- 第3項は申出の手続き等について定めています。介護短時間勤務の手続きについては法令に定めがありませんので、事業主が定めることが可能です。規定例では、介護休業に準じた手続きとしています。
- 第4項から第6項については、各社の実情に応じて定めますが、勤務しなかった時間数を超えて賃金を減額したり、賞与、昇給等で不利益な算定を行うことは禁止されています。

《始業・終業時刻の繰上げ・繰下げの例》
（育児のための時差出勤の制度）
第19条の2

1 　小学校就学の始期に達するまでの子を養育する従業員は、申し出ることにより、就業規則第○条の始業及び終業の時刻について、以下のように変更することができる。
- 通常勤務＝午前8時30分始業、午後5時30分終業
- 時差出勤A＝午前8時始業、午後5時終業
- 時差出勤B＝午前9時始業、午後6時終業
- 時差出勤C＝午前10時始業、午後7時終業

2 　本条第1項にかかわらず、日雇従業員からの育児のための時差出勤の制度の申出は拒むことができる。

3 　申出をしようとする者は、1回につき、1年以内の期間について、制度の適用を開始しようとする日及び終了しようとする日並びに時差出勤Aから時差出勤Cのいずれに変更するかを明らかにして、原則として適用開始予定日の1か月前までに、育児時差出勤申出書（社内様式○）により人事部労務課に申し出なければならない。申出書が提出されたときは、会社は速やかに申出者に対し、育児時差出勤取扱通知書（社内様式○）を交付する。その他適用のための手続等については、第3条から第5条までの規定（第3条第2項、第3項、第4項及び第4条第3項を除く。）を準用する。

4 　本制度の適用を受ける間の給与及び賞与については、通常の勤務をしているものとし減額しない。

5 　定期昇給及び退職金の算定に当たっては、本制度の適用を受ける期

間は通常の勤務をしているものとみなす。

《保育施設の設置運営の例》
（事業所内保育施設）
第19条の2

1　小学校就学の始期に達するまでの子を養育する従業員は、会社が設置する社内保育室を利用することができる。ただし、既に定員に達しているときは、この限りでない。

2　本条第1項にかかわらず、日雇従業員は、社内保育室を利用することができない。

3　利用者は、会社に対し食費（実費）を各月○円支払うものとし、これ以外の社内保育室に関する費用は原則として会社が負担する。

4　社内保育室の利用時間は、原則として平日の午前○時○分から午後○時○分まで及び土曜日の午前○時○分から午後○時○分までとし、日曜、祝日及び会社が定めた休日は、閉室とする。

コメント

　第19条の2は、育児短時間勤務の制度を適用することが困難として労使協定で対象外とした労働者に対する代替措置の定めです。代替措置としては①フレックスタイム、②時差出勤、③保育施設の設置運営等がありますが、2025年4月1日施行の改正法により、「在宅勤務等」が追加されました。ここでは、②、③に関する規定の例を挙げています。

《始業・終業時刻の繰上げ・繰下げの例》
（介護のための時差出勤の制度）
第21条

1　要介護状態にある家族を介護する従業員は、申し出ることにより、当該家族1人当たり利用開始の日から3年の間で2回までの範囲を原則として、就業規則第○条の始業及び終業の時刻について、以下のように変更することができる。

- 通常勤務＝午前8時30分始業、午後5時30分終業
- 時差出勤A＝午前8時始業、午後5時終業

- 時差出勤Ｂ＝午前 9 時始業、午後 6 時終業
- 時差出勤Ｃ＝午前10時始業、午後 7 時終業

2　本条第 1 項にかかわらず、日雇従業員からの介護のための時差出勤の制度の申出は拒むことができる。

3　申出をしようとする者は、制度の適用を開始しようとする日及び終了しようとする日並びに時差出勤Ａから時差出勤Ｃのいずれに変更するかを明らかにして、原則として、適用開始予定日の 2 週間前までに、介護時差出勤申出書（社内様式○）により人事部労務課に申し出なければならない。申出書が提出されたときは、会社は速やかに申出者に対し、介護時差出勤取扱通知書（社内様式○）を交付する。その他適用のための手続等については、第11条から第13条までの規定を準用する。

4　本制度の適用を受ける間の給与及び賞与については、通常の勤務をしているものとし減額しない。

5　定期昇給及び退職金の算定に当たっては、本制度の適用を受ける期間は通常の勤務をしているものとみなす。

《介護サービスの費用の助成の例》

（介護サービス利用の費用助成）

第21条

1　要介護状態にある家族を介護する従業員は、会社が締結した契約に基づく介護サービス会社による当該家族に係る介護サービス（以下「介護サービス」という。）を利用した際に要した費用について、当該サービスの利用開始の日から 3 年間、会社から助成を受けることができる。

2　本条第 1 項にかかわらず、日雇従業員は、介護サービス利用の費用助成を受けることができない。

3　助成額は、従業員が介護サービスの利用に当たり支払った額の○分の○に相当する額とする。

助成対象となる介護サービスの利用日数の限度は、年間○日とする。

03　育児・介護休業等に関する規則の規定例　305

4　助成のための申請手続等は、次によるものとする。

⑴　助成を希望する者は、原則として助成を希望する介護サービスの利用を開始しようとする日の○日前までに、介護サービス利用費用助成申請書（社内様式○）により人事部労務課に申し出なければならない。

⑵　介護サービス利用費用助成申請書（社内様式○）が提出されたときは、会社は、速やかに当該介護サービス利用費用助成申請書を提出した者に対する介護サービス利用費用助成の可否を決定し、通知する。

⑶　その他助成のための申請手続き等については、第11条から第13条までの規定を準用する。

5　助成金の支給は、次によるものとする。

⑴　前項により介護サービス利用費用助成を受けることができる旨の通知を受け、介護サービスを利用した者は、利用した当該サービスに係る当月の支払分について、介護サービス利用報告書（社内様式○）に領収書を添付の上、翌月○日までに人事部労務課に提出するものとする。

⑵　人事部労務課は、前号の介護サービス利用報告書及び領収書を審査の上、当該利用額に係る助成金を口座振込又は現金にて支払うものとする。

コメント

　第21条は、要介護状態の家族を介護する労働者に対して事業主が講ずべき措置のうち、時差出勤、介護サービスの費用の助成等のいずれかの措置を講じる場合の規定例です。

第10章　育児休業・介護休業等に関するハラスメント等の防止

（禁止行為）

第22条　すべての従業員は、他の従業員を業務遂行上の対等なパートナーとして認め、職場における健全な秩序ならびに協力関係を保持する義務

を負うとともに、職場内において次の各号に掲げる行為をしてはならない。また、自社の従業員以外の者に対しても、これに類する行為を行ってはならない。

⑴　部下の育児・介護に関する制度や措置の利用等に関し、解雇その他不利益な取扱いを示唆する言動

⑵　部下又は同僚の育児・介護に関する制度や措置の利用を阻害する言動

⑶　部下又は同僚が育児・介護に関する制度や措置を利用したことによる嫌がらせ等

⑷　部下である従業員が⑴～⑶の行為を受けている事実を認めながら、これを黙認する上司の行為

（懲戒）
第23条　次の各号に掲げる場合に応じ、当該各号に定める懲戒処分を行う。

⑴　第21条⑴～⑶の行為を行った場合
　　就業規則第▽条第１項①から④までに定めるけん責、減給、出勤停止又は降格

⑵　前号の行為が再度に及んだ場合、その情状が悪質と認められる場合
　　就業規則第▽条⑤に定める懲戒解雇

（相談及び苦情への対応）
第24条
　１　育児休業・介護休業等に関するハラスメントの相談窓口は本社及び各事業場で設けることとし、その責任者は人事部長とする。人事部長は、窓口担当者の名前を人事異動等の変更の都度、周知するとともに、担当者に対する対応マニュアルの作成及び対応に必要な研修を行うものとする。

　２　育児休業・介護休業等に関するハラスメントの被害者に限らず、すべての従業員は育児休業・介護休業等に関する就業環境を害する言動に関する相談を相談窓口の担当者に申し出ることができる。

03　育児・介護休業等に関する規則の規定例　307

3 対応マニュアルに沿い、相談窓口担当者は相談者からの事実確認の後、本社においては人事部長へ、各事業場においては所属長へ報告する。報告に基づき、人事部長又は所属長は相談者のプライバシーに配慮した上で、必要に応じて行為者、被害者、上司その他の従業員等に事実関係を聴取する。

4 前項の聴取を求められた従業員は、正当な理由なくこれを拒むことはできない。

5 対応マニュアルに沿い、所属長は人事部長に事実関係を報告し、人事部長は、問題解決のための措置として、第22条による懲戒の他、行為者の異動等被害者の労働条件及び就業環境を改善するために必要な措置を講じる。

6 相談及び苦情への対応に当たっては、関係者のプライバシーは保護されるとともに、相談をしたこと又は事実関係の確認に協力したこと等を理由として不利益な取扱いは行わない。

（再発防止の義務）

第25条 人事部長は、育児休業・介護休業等に関するハラスメント事案が生じた時は、周知の再徹底及び研修の実施、事案発生の原因の分析と再発防止等、適切な再発防止策を講じなければならない。

コメント

- 第22～25条は、育児休業・介護休業等に関するハラスメントの防止についてです。厚生労働省の規定例では、ハラスメント全般について育児・介護休業規程に定める場合などいくつかケースがありますが、ここでは、育児休業・介護休業等に関するハラスメントについて、就業規則に委任規定を設けて育児・介護休業規程に詳細を定める規定例を掲載しています。
- 育児休業・介護休業等に関するハラスメントについては、事業主が一定の防止措置を講じることが義務付けられており、就業規則等においてハラスメントの内容や行ってはならない旨の方針を明確化し、労働者に周知・啓発することもその１つです。
- 就業規則の委任規定の例については、下記の＜就業規則＞を参照してください。

〈就業規則〉

第□条　育児休業・介護休業等に関するハラスメントの禁止

　育児休業・介護休業等に関するハラスメントについては、第○条（服務規律）及び第△条（懲戒）のほか、詳細は「育児・介護休業等に関する規則」により別に定める。

第11章　その他の事項

（給与等の取扱い）

第26条

　1　育児・介護休業の期間については、基本給その他の月毎に支払われる給与は支給しない。

　2　賞与については、その算定対象期間に育児・介護休業をした期間が含まれる場合には、出勤日数により日割りで計算した額を支給する。

　3　定期昇給は、育児・介護休業の期間中は行わないものとし、育児・介護休業期間中に定期昇給日が到来した者については、復職後に昇給させるものとする。

　4　退職金の算定に当たっては、育児・介護休業をした期間を勤務したものとして勤続年数を計算するものとする。

（介護休業期間中の社会保険料の取扱い）

第27条

　　　介護休業により給与が支払われない月における社会保険料の被保険者負担分は、各月に会社が納付した額を翌月○日までに従業員に請求するものとし、従業員は会社が指定する日までに支払うものとする。

（復職後の勤務）

第28条

　1　育児・介護休業後の勤務は、原則として、休業直前の部署及び職務とする。

2　本条第１項にかかわらず、本人の希望がある場合及び組織の変更等やむを得ない事情がある場合には、部署及び職務の変更を行うことがある。この場合は、育児休業終了予定日の１か月前、介護休業終了予定日の２週間前までに正式に決定し通知する。

（育児目的休暇）

第29条

1　小学校就学の始期に達するまでの子を養育する従業員（日雇従業員を除く）は、養育のために就業規則第○条に規定する年次有給休暇とは別に、当該子が１人の場合は１年間につき○日、２人以上の場合は１年間につき○日を限度として、育児目的休暇を取得することができる。この場合の１年間とは、４月１日から翌年３月31日までの期間とする。

2　取得しようとする者は、原則として、育児目的休暇申出書（社内様式○）を事前に人事部労務課に申し出るものとする。

コメント

　小学校就学の始期に達するまでの子を養育する労働者に対する育児目的休暇の付与が努力義務とされていることを受けた規定例です。

（年次有給休暇）

第30条

　　　年次有給休暇の権利発生のための出勤率の算定に当たっては、育児・介護休業をした日は出勤したものとみなす。

（法令との関係）

第31条

　　　育児・介護休業、子の看護等休暇、介護休暇、育児・介護のための所定外労働の制限、育児・介護のための時間外労働及び深夜業の制限、育児短時間勤務、柔軟な働き方を実現するための措置並びに育児

310　第４章　実務で使えるツール編

短時間勤務に関して、この規則に定めのないことについては、育児・介護休業法その他の法令の定めるところによる。

（附則）

本規則は、○年○月○日から適用する。

04 社内様式記載例

社内様式記載例

○育児・介護休業法に基づく申出や通知を行うための社内
様式の記載例です。
○様式例は、本書で解説した制度のうち、改正にかかる様
式および申出・通知等を書面等で行うことが法令で義務
付けられている様式について掲載しています。
○本記載例は、厚生労働省の「社内様式例」をもとに作成
しています。

【記載例１】 （出生時）育児休業申出書

- 育児休業（１歳までの休業および１歳到達日後の休業）申出書と出生時育児休業申出書を兼ねています。
- 下記は出生時育児休業（３欄）の申出をする場合の記載例です。１歳までの休業（４欄）、１歳到達日後の休業（５欄）の申出はそれぞれの欄に必要事項を記載します。
- 申出があった場合、事業主は記載例２の「取扱通知書」により申出を受けた旨の通知をする必要があります。

（出生時）育児休業申出書

人事部　〇〇課長　　　殿

［申出日］　2025年10月3日
［申出者］　所属　**営業部第3課**
　　　　　　氏名　**山田　一郎**

　私は、育児・介護休業等に関する規則に基づき、下記のとおり（出生時）育児休業の申出をします。

記

1　休業に係る子の状況	(1)　氏名	
	(2)　生年月日	
	(3)　本人との続柄	
	(4)　養子の場合、縁組成立の年月日	年　　月　　日
	(5)　(1)の子が、特別養子縁組の監護期間中の子・養子縁組里親に委託されている子・養育	

04　社内様式記載例　313

		里親として委託された子の場合、その手続きが完了した年月日	年　　月　　日
2　1の子が生まれていない場合の出産予定者の状況		(1)　氏名　　　　山田　陽子 (2)　出産予定日　　2025年10月21日 (3)　本人との続柄　　妻	

3　出生時育児休業（産後パパ育休）

3-1　休業の期間	2025年10月21日から2025年10月31日まで （職場復帰予定日2025年11月1日）	
	※出生時育児休業を2回に分割取得する場合は、1回目と2回目を一括で申し出ること 2025年11月14日から2025年11月30日まで （職場復帰予定日2025年12月1日）	
3-2　申出に係る状況	(1)　休業開始予定日の2週間前に申し出て	ⓘいる・いない →申出が遅れた理由 [　　　　　　　　　]
	(2)　1の子について出生時育児休業をしたことが（休業予定含む）	ⓝない・ある（　回）
	(3)　1の子について出生時育児休業の申出を撤回したことが	ⓝない・ある（　回）

4　1歳までの育児休業（パパ・ママ育休プラスの場合は1歳2か月まで）

4-1　休業の期間	年　　月　　日から　　年　　月　　日まで （職場復帰予定日　　年　　月　　日）	
	※1回目と2回目を一括で申し出る場合に記載（2回目を後日申し出ることも可能） 　年　　月　　日から　　年　　月　　日まで （職場復帰予定日　　年　　月　　日）	
4-2　申出に係る状況	(1)　休業開始予定日の1か月前に申し出て	いる・いない →申出が遅れた理由 [　　　　　　　　　]
	(2)　1の子について育児休業をしたことが（休業予定含む）	ない・ある（　回） →ある場合 休業期間： 　年　　月　　日から 　年　　月　　日まで

			→2回ある場合、再度休業の理由 〔　　　　　　　　　　　　〕
		(3) 1の子について育児休業の申出を撤回したことが	ない・ある（　回） →2回ある場合又は1回あるかつ上記(2)がある場合、再度申出の理由 〔　　　　　　　　　　　　〕
		(4) 配偶者も育児休業をしており、規則第　条第　項に基づき1歳を超えて休業しようとする場合（パパ・ママ育休プラス）	配偶者の休業開始（予定）日 　　　年　　　月　　　日
5	1歳を超える育児休業		
	5-1　休業の期間	年　　　月　　　日から　　　年　　　月　　　日まで （職場復帰予定日　　　年　　　月　　　日）	
	5-2　申出に係る状況	(1) 休業開始予定日の2週間前に申し出て	いる・いない →申出が遅れた理由 〔　　　　　　　　　　　　〕
		(2) 1の子について1歳を超える育児休業をしたことが（休業予定含む）	ない・ある →再度休業の理由 〔　　　　　　　　　　　　〕 休業期間： 　　　年　　　月　　　日から 　　　年　　　月　　　日まで
		(3) 1の子について1歳を超える育児休業の申出を撤回したことが	ない・ある →再度申出の理由 〔　　　　　　　　　　　　〕
		(4) 休業が必要な理由	
		(5) 1歳を超えての育児休業の申出の場合で申出者が育児休業中でない場合	配偶者が休業 している・していない 配偶者の休業（予定）日 〔　　　年　　　月　　　日から 　　　年　　　月　　　日まで〕

04　社内様式記載例　315

〔注〕 上記 3、4 の休業は原則各 2 回まで、5 の 1 歳 6 か月まで及び 2 歳までの休業
は原則各 1 回です。申出の撤回 1 回（一の休業期間）につき、1 回休業したもの
とみなします。

〈提出先〉 直接提出や郵送のほか、電子メールでの提出も可能です。

人事部〇〇課　　　メールアドレス：jinji@example.co.jp

【記載例２】〔(出生時)育児・介護〕休業取扱通知書

- 労働者から各種休業の申出があった際に、その取扱いについて事業主が通知する様式です。この様式例は、出生時育児休業、育児休業、介護休業に関する申出、期間変更、申出の撤回に対する通知を兼ねています。
- １の(1)～(4)（網掛け部分）については、該当する場合、必ず通知しなければなりません。それ以外の欄は努力義務とされている記載事項です。

〔(出生時)育児・介護〕休業取扱通知書

山田　一郎　殿

2025年10月5日

会社名　**株式会社■■■■**

　あなたから2025年10月3日〔(出生時)育児・介護〕休業の〔申出・期間変更の申出・申出の撤回〕がありました。育児・介護休業等に関する規則に基づき、その取扱いを下記のとおり通知します（ただし、期間の変更の申出及び出生時育児休業中の就業日があった場合には下記の事項の若干の変更があり得ます。）。

記

| I　休業の期間等 | (1)　適正な申出がされていましたので申出どおり2025年10月21日から2025年10月31日まで（１回目）および2025年11月14日から2025年11月30日まで（２回目）（出生時育児・育児・介護）休業してください。職場復帰予定日は、１回目は2025年11月1日、２回目は2025年12月1日です。 |
| | (2)　申し出た期日が遅かったので休業を開始する日を |

04　社内様式記載例　317

	年　　月　　日にしてください。
	(3)　あなたは以下の理由により休業の対象者でないので休業することはできません。
	［　　　　　　　　　　　　　　　　　　　　　　　］
	(4)　あなたが　　　年　　月　　日にした休業申出は撤回されました。
	(5)　（介護休業の場合のみ）申出に係る対象家族について介護休業ができる日数は通算93日です。今回の措置により、介護休業ができる残りの回数及び日数は、（　　）回（　　）日になります。
2　休業期間中の取扱い等	①　休業期間中については給与を支払いません。 ②　所属は　**営業**　課のままとします。 ③　・（（出生時）育児休業のうち免除対象者）あなたの社会保険料は免除されます。 　・（介護休業の場合等免除対象外）あなたの社会保険料本人負担分は、　　月現在で1月約　　円ですが、休業を開始することにより、　　月からは給与から天引きができなくなりますので、月ごとに会社から支払い請求書を送付します。指定された日までに下記へ振り込むか、　　　　に持参してください。 　振込先： (4)　税については市区町村より直接納税通知書が届きますので、それに従って支払ってください。 (5)　毎月の給与から天引きされる社内融資返済金がある場合には、支払い猶予の措置を受けることができますので、　　　　に申し出てください。 (6)　職場復帰プログラムを受講できますので、希望の

318　第4章　実務で使えるツール編

		場合は　　　　　　　　　課に申し出てください。
3	休業後の労働条件	(1)　休業後のあなたの基本給は**250,000**円です。
		(2)　**2025**年**12**月、**2026**年**6**月の賞与については、出勤日数により日割りで計算した額を支給します。
		(3)　退職金の算定に当たっては、休業期間を勤務したものとみなして勤続年数を計算します。
		(4)　復職後は原則として **営業** 課で休業をする前と同じ職務についていただく予定ですが、休業終了前までに正式に決定し通知します。
		(5)　あなたの　　年度の有給休暇はあと　　　日ありますので、これから休業期間を除き　　年　　月　　日までの間に消化してください。 　　　次年度の有給休暇は、今後　　　日以上欠勤がなければ、繰り越し分を除いて　　　日の有給休暇を請求できます。
4	その他	(1)　お子さんを養育しなくなる、家族を介護しなくなる等あなたの休業に重大な変更をもたらす事由が発生したときは、なるべくその日に**人事部〇〇課**あてに電話連絡をしてください。この場合の休業終了後の出勤日については、事由発生後2週間以内の日を会社と話し合って決定していただきます。
		(2)　休業期間中についても会社の福利厚生施設を利用することができます。

【記載例3】〔(出生時)育児休業・育児のための所定外労働制限・育児のための時間外労働制限・育児のための深夜業制限・育児短時間勤務〕対象児出生届

> • 育児休業、出生時育児休業、所定外労働制限、時間外労働制限、深夜業制限については、子が出生する前に申出または請求を行った場合、子の出生後に速やかに子の氏名や生年月日、続柄を事業主に通知しなければならないこととされています。

〔(出生時)育児休業・育児のための所定外労働制限・
育児のための時間外労働制限・育児のための深夜業制限・
育児短時間勤務〕対象児出生届

人事部　〇〇課長　　殿

　　　　　　　　　　　　　〔申出日〕　2025年10月24日

　　　　　　　　　　　　　〔申出者〕　所属　**営業部第3課**

　　　　　　　　　　　　　　　　　　　氏名　**山田　一郎**

　　私は、2025年10月3日に行った〔(出生時)育児休業の申出・所定外労働制限の請求・時間外労働制限の請求・深夜業制限の請求・育児短時間勤務の申出〕において出生していなかった〔(出生時)育児休業・所定外労働制限・時間外労働制限・深夜業制限・育児短時間勤務〕に係る子が出生しましたので、育児・介護休業等に関する規則に基づき、下記のとおり届け出ます。

記

1　出生した子の氏名　　**山田　颯太**

2　出生の年月日　　　　**2025年10月10日**

3　続柄　　　　　　　　**長男**

【記載例4】 〔(出生時)育児・介護〕休業申出撤回届

- 出生時育児休業および育児休業の申出を撤回する際の届出です。介護休業の撤回の届出も兼ねています。
- 1歳までの育児休業、出生時育児休業は2回に分割して取得することが可能です。出生時育児休業を分割して取得する場合等、2回分をまとめて申し出た場合は、いずれの休業を撤回するのか記載する必要があります。
- 休業申出の撤回があった場合、事業主は記載例2の「取扱通知書」により申出の撤回を受けた旨の通知が必要です。

〔(出生時) 育児・介護〕休業申出撤回届

人事部 ○○課長 殿

〔申出日〕 2025年11月10日
〔申出者〕 所属 営業部第3課
氏名 山田 一郎

　私は、育児・介護休業等に関する規則に基づき、2025年10月3日に行った〔(出生時) 育児・介護〕休業の申出を撤回します。

※ 同日に複数期間申出している場合は、撤回する休業期間を記載すること。

撤回する休業期間
2025年11月14日から2025年11月30日まで

【記載例5】〔(出生時) 育児・介護〕休業期間変更申出書

- 出生時育児休業、育児休業、介護休業の期間を変更する際の申出書です。休業開始予定日の繰上げおよび休業終了予定日の繰下げの申出書を兼ねています。
- 休業開始予定日の繰上げについては、繰上げ可能な事由か否かを確認するため、4の欄に記載します。終了予定日の繰下げは事由を問わないため記載の必要はありません。
- 休業変更の申出があった場合、事業主は記載例2の「取扱通知書」により変更の申出を受けた旨の通知が必要です。

〔(出生時) 育児・介護〕休業期間変更申出書

人事部　○○課長　　殿

〔申出日〕　2025年10月10日

〔申出者〕　所属　**営業部第三課**

氏名　**山田　一郎**

私は、育児・介護休業等に関する規則に基づき、2025年10月3日に行った〔(出生時) 育児・介護〕休業の申出における休業期間を下記のとおり変更します。

記

1　当初の申出における休業期間	2025年10月21日から 2025年10月31日まで
2　当初の申出に対する会社の対応	休業開始予定日の指定 ・　有

322　第4章　実務で使えるツール編

	→ 指定後の休業開始予定日
	年　　月　　日
	・ (無)
3　変更の内容	(1)　休業〔(開始)・終了〕予定日の変更
	(2)　変更後の休業〔(開始)・終了〕予定日
	2025年10月17日
4　変更の理由 （休業開始予定日の変更の場合のみ）	子が出産予定日より早く出生したため

（注）　１歳６か月まで及び２歳までの育児休業及び介護休業に関しては休業開始予定日の変更はできません。

【記載例6】 出生時育児休業中の就業可能日等申出・変更申出書

> ・労働者が出生時育児休業の就業可能日等を申し出る際の様式です。変更の申出書も兼ねています。変更は休業開始予定日の前日まで可能です。
> ・就業可能な範囲を確認するため、就業を希望する日付と時間帯は必ず記載する必要があります。

出生時育児休業中の就業可能日等申出・変更申出書

人事部　○○課長　　殿

　　　　　　　　　　　　　〔申出日〕　2025年 9 月24日
　　　　　　　　　　　　　〔申出者〕　所属　**総務部総務課**

　　　　　　　　　　　　　　　　　　　氏名　**高橋　五郎**

　私は、育児・介護休業等に関する規則に基づき、下記のとおり出生時育児休業中の就業可能日等の〔申出・変更申出〕をします。

記

1　出生時育児休業取得予定日

　　　2025年10月 1 日（水曜日）から　2025年10月19日（日曜日）まで

2　就業可能日等（変更申出の場合は当初申出から変更がない期間も含めて全て記載）

324　第4章　実務で使えるツール編

日付	時間	備考 （テレワーク等の希望）
2025年10月10日（金曜日）	9時00分～18時00分	
2025年10月14日（火曜日）	9時00分～18時00分	
2025年10月15日（水曜日）	13時00分～18時00分	**テレワーク希望**

（注1）　申出後に変更が生じた場合は、休業開始予定日の前日までの間にすみやかに
　　　　変更申出書を提出してください。

（注2）　休業開始予定日の前日までに、就業可能日等の範囲内で就業日時等を提示し
　　　　ます。提示する就業日がない場合もその旨通知します。

【記載例7】 出生時育児休業中の就業可能日等申出撤回届

> • 記載例6で労働者が申し出た就業可能日を撤回する際の届出です。就業可能日の撤回は休業開始予定日の前日まで可能です。

出生時育児休業中の就業可能日等申出撤回届

人事部 ○○課長 殿

〔申出日〕 2025年9月29日
〔申出者〕 所属 **総務部総務課**
氏名 **高橋 五郎**

　私は、育児・介護休業等に関する規則に基づき、2025年9月24日に行った出生時育児休業中就業可能日等〔申出・変更申出〕を撤回します。

326　第4章　実務で使えるツール編

【記載例8】 出生時育児休業中の就業日等の提示について

- 事業主は、記載例7の就業可能日の申出があった場合、その範囲内で就業日を提示する必要があります。
- 提示する就業日がない（就業させない）場合はその旨の記載（様式例ではチェックボックスの選択）をして提示します。

出生時育児休業中の就業日等の提示について

高橋　五郎　　殿

2025年 9 月26日

会社名　**株式会社■■■■**

　あなたから2025年 9 月24日に出生時育児休業中の就業可能日等の〔⃝申出 ・ 変更申出 ・ 撤回〕がありました。育児・介護休業等に関する規則に基づき、就業日時等を提示いたします。

記

☑　以下の就業日を提示します。回答は**10月28日**までに**人事部〇〇課**へご提出ください。

① 　2025年10月10日（金曜日）　　9 時00分～18時00分

　　　　　　　　　　　　　　　　（休憩時間　12時00分～13時00分）

② 2025年10月14日（火曜日）　9時00分〜18時00分

（休憩時間　12時00分〜13時00分）

③ 2025年10月15日（水曜日）　13時00分〜18時00分

（休憩時間　なし）※テレワーク

※　就業場所、業務内容等特記事項があれば記載

□　提示する就業日はありません。全日休業となります。

□　就業可能日等申出・変更申出は撤回されました。全日休業となります。

【記載例9】 出生時育児休業中の就業日等の〔同意・不同意〕書

- 事業主が記載例8で提示した就業日に対する労働者の同意（不同意）書です。労働者の同意を得なければ、就業させることはできません。
- 時間帯や就業日について一部同意する場合は、「就業日等のうち、以下の内容に同意します。」の入力欄に同意する部分について記載します。

出生時育児休業中の就業日等の〔同意・不同意〕書

人事部　〇〇課長　　殿

〔申出日〕　**2025年9月29日**
〔申出者〕　所属　**総務部総務課**
　　　　　　氏名　**高橋　五郎**

　私は、育児・介護休業等に関する規則に基づき、**2025年9月26日**に提示された出生時育児休業中の就業日等について、下記のとおり回答します。

記

☑　提示された就業日等に全て同意します。

☐　提示された就業日等に全て同意しません。

☐　提示された就業日等のうち、以下の内容に同意します。

04　社内様式記載例　329

【記載例10】 出生時育児休業中の就業日等撤回届

- 労働者が記載例 9 で同意した就業日を全部または一部撤回する場合の届出です。
- 同意した就業日は休業開始予定日の前日までは理由を問わず撤回することが可能です。休業開始予定日以後は省令で定める特別な事情がある場合に限ります。下記の記載例は、休業開始予定日後に撤回する場合であるため、撤回が可能な事由か確認するため、理由の記載が必要です。

出生時育児休業中の就業日等撤回届

人事部　〇〇課長　　殿

〔申出日〕　2025年10月 4 日
〔申出者〕　所属　**総務部総務課**
　　　　　　氏名　**高橋　五郎**

　私は、育児・介護休業等に関する規則に基づき2025年 9 月29日に同意した出生時育児休業中の就業日等について、〔全部・一部〕撤回します。

撤回する就業日等を記載
　　　2025年10月10日（金曜日）　 9 時00分〜18時00分
　　　2025年10月14日（火曜日）　 9 時00分〜18時00分
　　　2025年10月15日（水曜日）　13時00分〜18時00分

休業開始日以降の撤回の場合は、撤回理由を記載（開始日前の場合は記載不要）

　　妻が疾病により就業日の育児が困難となったため

04　社内様式記載例　331

【記載例11】 出生時育児休業中の就業日等通知書

- 事業主は、記載例9で労働者の同意または一部同意を得た場合は、速やかに同意を得た旨と決定した就業日等を通知する必要があります。
- この様式例は、記載例10で同意した就業日の撤回の申出があった場合の通知も兼ねています。その場合は2欄（就業日等申出撤回）に記載します。
- 3欄（就業日等）では、就業日および労働時間数の合計を計算し、それぞれの上限（所定労働日数の半分または所定労働時間の半分）を超えていないか確認します。

出生時育児休業中の就業日等通知書

高橋　五郎　　殿

2025年9月30日

会社名　**株式会社■■■■**

あなたから2025年9月29日に出生時育児休業中の就業日等の〔全面同意・一部同意・撤回〕がありました。育児・介護休業等に関する規則に基づき、就業日等を下記のとおり通知します。

記

1　休業の期間	2025年10月1日（水曜日）から 2025年10月19日（日曜日）まで
2　就業日等申出撤回	(1)　あなたが　　　　年　　月　　日にした出生時育児休業中の就業日等の同意は撤回されました。

332　第4章　実務で使えるツール編

		(2) あなたが　　　　年　　月　　日に同意した出生時育児休業中の就業日等について、　　　年　　月　　日に撤回届が提出されましたが、撤回可能な事由（※）に該当しないため撤回することはできません。当該日に休む場合は、事前に　　　　課まで連絡してください。
3　就業日等		就業日合計　　**3**　　日 　　　　　（就業可能日数上限　　**6**　　日） 労働時間合計　**21**　時間 　　　　　（就業可能労働時間上限　**52**　時間） ①2025年10月10日（**金**曜日）　9時00分～18時00分 （休憩時間　12時00分～13時00分） ②2025年10月14日（**火**曜日）　9時00分～18時00分 （休憩時間　12時00分～13時00分） ③2025年10月15日（**水**曜日）　13時00分～18時00分 （休憩時間　なし）※**テレワーク** ※就業場所、業務内容等特記事項があれば記載
4　その他		上記就業日等に就業できないことが判明した場合は、なるべく判明した日に●●課まで連絡してください。

（※）　休業開始日以降に就業日等を撤回可能な事由

一　出生時育児休業申出に係る子の親である配偶者の死亡

二　配偶者が負傷、疾病又は身体上若しくは精神上の障害その他これらに準ずる心身の状況により出生時育児休業申出に係る子を養育することが困難な状態になったこと

三　婚姻の解消その他の事情により配偶者が出生時育児休業申出に係る子と同居しないこととなったこと

四　出生時育児休業申出に係る子が負傷、疾病又は身体上若しくは精神上の障害その他これらに準ずる心身の状況により、2週間以上の期間にわたり世話を必要とする状態になったとき

【記載例12】 〔育児・介護〕のための所定外労働制限請求書

- 所定外労働の制限を請求する際の様式です。
- この記載例は、すでに出生した子についての請求ですが、出生前（産前休暇に入る前に請求書を提出する場合など）に請求する場合は、1欄（請求にかかる家族の状況）に記載せず、2欄（出産予定者の状況）に必要事項を記載します。
- 制限期間は1回につき、1ヵ月以上1年以内の期間です（請求回数に制限なし）。
- 4欄（請求にかかる状況）では、法定の申出期限（1ヵ月前）までに請求をしているか確認します。

〔育児・介護〕のための所定外労働制限請求書

人事部　〇〇課長　　殿

〔請求日〕　2025年2月28日
〔請求者〕　所属　**経理部経理課**
　　　　　　氏名　**佐藤　亜希子**

　私は、育児・介護休業等に関する規則に基づき、下記のとおり〔育児・介護〕のための所定外労働の制限を請求します。

記

			〔育児〕	〔介護〕
1　請求に係る家族の状況	(1)	氏名	**佐藤　結衣**	
	(2)	生年月日	**2024年5月10日**	
	(3)	本人との続柄	**長女**	

334　第4章　実務で使えるツール編

	(4)　養子の場合、縁組成立の年月日		
	(5)　(1)の子が、特別養子縁組の監護期間中の子・養子縁組里親に委託されている子・養育里親として委託された子の場合、その手続きが完了した年月日		
	(6)　介護を必要とする理由		
2　育児の場合、1の子が生まれていない場合の出産予定者の状況	(1)　氏名		
	(2)　出産予定日		
	(3)　本人との続柄		
3　制限の期間	2025年4月1日から2026年3月31日まで		
4　請求に係る状況	制限開始予定日の1か月前に請求をして ⓘる・いない→請求が遅れた理由 〔　　　　　　　　　　　　　　　　〕		

04　社内様式記載例　335

【記載例13】 〔育児・介護〕のための時間外労働制限請求書

- 時間外労働の制限を請求する際の様式です。
- この記載例は、男性が子の出生直後に時間外労働の制限を請求するケースです。時間外労働の制限のほか、所定外労働の制限、深夜業の制限等についても、今後男性の育児参画が進むことによって、出生直後にこれらの制度を請求するケースも増えてくるものと考えられます。
- 制限期間は1回につき、1ヵ月以上1年以内の期間です（請求回数に制限なし）。
- 4欄（請求にかかる状況）では、法定の申出期限（1ヵ月前）までに請求をしているか確認します。

〔育児・介護〕のための時間外労働制限請求書

人事部　〇〇課長　　殿

〔請求日〕　2025年9月1日
〔請求者〕　所属　技術部1課
　　　　　　氏名　鈴木　和夫

　私は、育児・介護休業等に関する規則に基づき、下記のとおり〔育児・介護〕のための時間外労働の制限を請求します。

記

			〔育児〕	〔介護〕
1　請求に係る家族の状況	(1)	氏名	鈴木　はるひ	
	(2)	生年月日	2025年8月25日	

	(3)　本人との続柄	次女	
	(4)　養子の場合、縁組成立の年月日		
	(5)　(1)の子が、特別養子縁組の監護期間中の子・養子縁組里親に委託されている子・養育里親として委託された子の場合、その手続きが完了した年月日		
	(6)　介護を必要とする理由		
2　育児の場合、1の子が生まれていない場合の出産予定者の状況	(1)　氏名		
	(2)　出産予定日		
	(3)　本人との続柄		
3　制限の期間	2025年10月1日から2025年12月31日まで		
4　請求に係る状況	制限開始予定日の1か月前に請求をして いる・いない→請求が遅れた理由 〔　　　　　　　　　　　　　　　　　　　　　〕		

04　社内様式記載例　337

【記載例14】〔育児・介護〕のための深夜業制限請求書

- 深夜業の制限を請求する際の様式です。
- 申出の期間は1回につき、1ヵ月以上6ヵ月以内の期間です（申出回数に制限なし）。
- 4欄（請求にかかる状況）では、法定の申出期限（1ヵ月前）までに請求をしているか確認します。
- 4欄の(2)で対象となる親族が「いる」場合は、深夜業の制限の対象外です。

〔育児・介護〕のための深夜業制限請求書

人事部　○○課長　　殿

〔請求日〕　2025年2月3日
〔請求者〕　所属　**東京店**
　　　　　　氏名　**田中　美菜**

　私は、育児・介護休業等に関する規則に基づき、下記のとおり〔育児・介護〕のための深夜業の制限を請求します。

記

			〔育児〕	〔介護〕
1　請求に係る家族の状況	(1)	氏名	田中　大地	
	(2)	生年月日	2024年3月11日	
	(3)	本人との続柄	長男	

338　第4章　実務で使えるツール編

	(4)　養子の場合、縁組成立の年月日		
	(5)　(1)の子が、特別養子縁組の監護期間中の子・養子縁組里親に委託されている子・養育里親として委託された子の場合、その手続きが完了した年月日		
	(6)　介護を必要とする理由		
2　育児の場合、1の子が生まれていない場合の出産予定者の状況	(1)　氏名		
	(2)　出産予定日		
	(3)　本人との続柄		
3　制限の期間	**2025**年 **3** 月**11**日から**2026**年 **3** 月**10**日まで		
4　請求に係る状況	(1)　制限開始予定日の1か月前に請求をして 　　⟨いる⟩・いない→請求が遅れた理由 　　〔　　　　　　　　　　　　　　　　　　〕 (2)　常態として1の子を保育できる又は1の家族を介護できる16歳以上の同居の親族が 　　いる・⟨いない⟩		

05	# 育児・介護休業等に関する労使協定（例）

参考：2025年10月1日改正後の労使協定の例（厚生労働省の労使協定
　　　例より）

※下線が改正にかかる箇所

育児・介護休業等に関する労使協定（例）

○○株式会社と□□労働組合は、○○株式会社における育児・介護休業等に関し、次のとおり協定する。

（育児休業の申出を拒むことができる従業員）
第1条　事業所長は、次の従業員から1歳（法定要件に該当する場合は1歳6か月又は2歳）に満たない子を養育するための育児休業の申出があったときは、その申出を拒むことができるものとする。
　一　入社1年未満の従業員
　二　申出の日から1年（法第5条第3項及び第4項の申出にあっては6か月）以内に雇用関係が終了することが明らかな従業員
　三　1週間の所定労働日数が2日以下の従業員
2　事業所長は、次の従業員から出生時育児休業の申出があったときは、その申出を拒むことができるものとする。
　一　入社1年未満の従業員
　二　申出の日から8週間以内に雇用関係が終了することが明らかな従業員
　三　1週間の所定労働日数が2日以下の従業員

340　第4章　実務で使えるツール編

（介護休業の申出を拒むことができる従業員）

第2条 事業所長は、次の従業員から介護休業の申出があったときは、その申出を拒むことができるものとする。

　一　入社1年未満の従業員

　二　申出の日から93日以内に雇用関係が終了することが明らかな従業員

　三　1週間の所定労働日数が2日以下の従業員

（子の看護等休暇の申出を拒むことができる従業員）

第3条 事業所長は、1週間の所定労働日数が2日以下の従業員から子の看護等休暇の申出があったときは、その申出を拒むことができるものとする。

（介護休暇の申出を拒むことができる従業員）

第4条 事業所長は、1週間の所定労働日数が2日以下の従業員から介護休暇の申出があったときは、その申出を拒むことができるものとする。

（育児・介護のための所定外労働の制限の請求を拒むことができる従業員）

第5条 事業所長は、次の従業員から所定外労働の制限の請求があったときは、その請求を拒むことができるものとする。

　一　入社1年未満の従業員

　二　1週間の所定労働日数が2日以下の従業員

（育児短時間勤務の申出を拒むことができる従業員）

第6条 事業所長は、次の従業員から育児短時間勤務の申出があったときは、その申出を拒むことができるものとする。

　一　入社1年未満の従業員

　二　週の所定労働日数が2日以下の従業員

（介護短時間勤務の申出を拒むことができる従業員）

第7条 事業所長は、次の従業員から介護短時間勤務の申出があったときは、その申出を拒むことができるものとする。

　一　入社1年未満の従業員

　二　1週間の所定労働日数が2日以下の従業員

（柔軟な働き方を実現するための措置の利用申出を拒むことができる従業員）

第8条 事業所長は、次の従業員から柔軟な働き方を実現するための措置の利用申出があったときは、その申出を拒むことができるものとする。

　一　入社1年未満の従業員

　二　1週間の所定労働日数が2日以下の従業員

（従業員への通知）

第9条 事業所長は、第1条から第8条までのいずれかの規定により従業員の申出を拒むときは、その旨を従業員に通知するものとする。

（出生時育児休業の申出期限）

第10条 事業所長（三を除く。）は、出生時育児休業の申出が円滑に行われるよう、次の措置を講じることとする。その場合、事業所長は、出生時育児休業の申出期限を出生時育児休業を開始する日の1か月前までとすることができるものとする。

　一　全従業員に対し、年1回以上、育児休業制度（出生時育児休業含む。以下同じ。）の意義や制度の内容、申請方法等に関する研修を実施すること。

　二　育児休業に関する相談窓口を各事業所の人事担当部署に設置し、事業所内の従業員に周知すること。

　三　育児休業について、○○株式会社として、毎年度「男性労働者

の取得率○％以上取得期間平均○か月以上」「女性労働者の取得
率○％以上」を達成することを目標とし、この目標及び育児休業
の取得の促進に関する方針を社長から従業員に定期的に周知する
こと。また、男性労働者の取得率や期間の目標については、達成
状況を踏まえて必要な際には上方修正を行うことについて労使間
で協議を行うこと。

四　育児休業申出に係る労働者の意向について、各事業所の人事担
当部署から、当該労働者に書面を交付し回答を求めることで確認
する措置を講じた上で、労働者から回答がない場合には、再度当
該労働者の意向確認を実施し、当該労働者の意向の把握を行うこ
と。

（出生時育児休業中の就業）
第11条　出生時育児休業中の就業を希望する従業員は、就業可能日等
を申出ることができるものとする。

（有効期間）
第12条　本協定の有効期間は、○年○月○日から○年○月○日までと
する。ただし、有効期間満了の1か月前までに、会社、組合いずれ
からも申出がないときには、更に1年間有効期間を延長するものと
し、以降も同様とする。

　　　　　○年○月○日
　　　　　○○株式会社　　代表取締役　　○○○○
　　　　　　　　　　□□労働組合　　　執行委員長　　○○○○

05　育児・介護休業等に関する労使協定（例）　343

コメント

- 厚生労働省の育児・介護休業等に関する労使協定の例です。
- 2025年10月1日施行の改正に対応しています。
- 労使協定は従業員の過半数で組織する労働組合があるときはその労働組合、そのような労働組合がないときは、労働者の過半数を代表する者との間で締結します。協定例は、労働組合と締結するケースです。

06 母性健康管理指導事項連絡カード

母性健康管理指導事項連絡カード

年　　月　　日

事業主　殿

医療機関等名_____
医師等氏名_____

下記の1の者は、健康診査及び保健指導の結果、下記2～4の措置を講ずることが必要であると認めます。

記

1．氏名　等

氏名		妊娠週数		週	分娩予定日	年 月 日

2．指導事項

症状等（該当する症状等を○で囲んでください。）

指導事項（該当する指導事項欄に○を付けてください。）

措置が必要となる症状等
つわり、妊娠悪阻、貧血、めまい・立ちくらみ、腹部緊満感、子宮収縮、腹痛、性器出血、腰痛、痔、静脈瘤、浮腫、手や手首の痛み、頻尿、排尿時痛、残尿感、全身倦怠感、動悸、頭痛、血圧の上昇、蛋白尿、妊娠糖尿病、赤ちゃん（胎児）が週数に比べ小さい、多胎妊娠（　　　胎）、産後体調が悪い、妊娠中・産後の不安・不眠・落ち着かないなど、合併症等（　　　　　　　　　　　　　　）

	標準措置	指導事項
休業	入院加療	
	自宅療養	
勤務時間の短縮		
作業の制限	身体的負担の大きい作業(注)	
	長時間の立作業	
	同一姿勢を強制される作業	
	腰に負担のかかる作業	
	寒い場所での作業	
	長時間作業場を離れることのできない作業	
	ストレス・緊張を多く感じる作業	

（注）「身体的負担の大きい作業」のうち、特定の作業について制限の必要がある場合には、指導事項欄に○を付けた上で、具体的な作業を○で囲んでください。

標準措置に関する具体的内容、標準措置以外の必要な措置等の特記事項

3．上記2の措置が必要な期間
（当面の予定期間に○を付けてください。）

1週間（　月　日～　月　日）	
2週間（　月　日～　月　日）	
4週間（　月　日～　月　日）	
その他（　月　日～　月　日）	

4．その他の指導事項
（措置が必要である場合は○を付けてください。）

妊娠中の通勤緩和の措置 （在宅勤務を含む。）	
妊娠中の休憩に関する措置	

指導事項を守るための措置申請書

　　　　　　　　　　　　　　　　　　　　年　　　月　　　日

上記のとおり、医師等の指導事項に基づく措置を申請します。

　　　　　　　　　　　　　　　　　所属...........................

　　　　　　　　　　　　　　　　　氏名...........................

事業主　殿　　　　　　　　　　　　　　　　　　　　　　　　1

この様式の「母性健康管理指導事項連絡カード」の欄には医師等が、また、「指導事項を守るための措置申請書」の欄には女性労働者が記入してください。

（参考）症状等に対して考えられる措置の例

症状名等	措置の例
つわり、妊娠悪阻	休業（入院加療）、勤務時間の短縮、身体的負担の大きい作業（長時間作業場を離れることのできない作業）の制限、においがきつい・換気が悪い・高温多湿などのつわり症状を増悪させる環境における作業の制限、通勤緩和、休憩の配慮　など
貧血、めまい・立ちくらみ	勤務時間の短縮、身体的負担の大きい作業（高所や不安定な足場での作業）の制限、ストレス・緊張を多く感じる作業の制限、通勤緩和、休憩の配慮　など
腹部緊満感、子宮収縮	休業（入院加療・自宅療養）、勤務時間の短縮、身体的負担の大きい作業（長時間の立作業、同一姿勢を強制される作業、長時間作業場所を離れることのできない作業）の制限、通勤緩和、休憩の配慮など
腹痛	休業（入院加療）、疾患名に応じた主治医等からの具体的な措置　など
性器出血	休業（入院加療）、疾患名に応じた主治医等からの具体的な措置　など
腰痛	休業（自宅療養）、身体的に負担の大きい作業（長時間の立作業、同一姿勢を強制される作業、腰に負担のかかる作業）の制限　など

痔	身体的負担の大きい作業（長時間の立作業、同一姿勢を強制される作業）の制限、休憩の配慮　など
静脈瘤	勤務時間の短縮、身体的負担の大きい作業（長時間の立作業、同一姿勢を強制される作業）の制限、休憩の配慮　など
浮腫	勤務時間の短縮、身体的負担の大きい作業（長時間の立作業、同一姿勢を強制される作業）の制限、休憩の配慮　など
手や手首の痛み	身体的負担の大きい作業（同一姿勢を強制される作業）の制限、休憩の配慮　など
頻尿、排尿時痛、残尿感	休業（入院加療・自宅療養）、身体的負担の大きい作業（寒い場所での作業、長時間作業場を離れることのできない作業）の制限、休憩の配慮　など
全身倦怠感	休業（入院加療・自宅療養）、勤務時間の短縮、身体的負担の大きい作業の制限、休憩の配慮、疾患名に応じた主治医等からの具体的な措置　など
動悸	休業（入院加療・自宅療養）、身体的負担の大きい作業の制限、疾患名に応じた主治医等からの具体的な措置　など
頭痛	休業（入院加療・自宅療養）、身体的負担の大きい作業の制限、疾患名に応じた主治医等からの具体的な措置　など
血圧の上昇	休業（入院加療・自宅療養）、勤務時間の短縮、身体的負担の大きい作業の制限、ストレス・緊張を多く感じる作業の制限、疾患名に応じた主治医等からの具体的な措置　など
蛋白尿	休業（入院加療・自宅療養）、勤務時間の短縮、身体的負担の大きい作業の制限、ストレス・緊張を多く感じる作業の制限　など
妊娠糖尿病	休業（入院加療・自宅療養）、疾患名に応じた主治医等からの具体的な措置（インスリン治療中等への配慮）　など
赤ちゃん（胎児）が週数に比べ小さい	休業（入院加療・自宅療養）、勤務時間の短縮、身体的負担の大きい作業の制限、ストレス・緊張を多く感じる作業の制限、通勤緩和、休憩の配慮　など
多胎妊娠（　　　胎）	休業（入院加療・自宅療養）、勤務時間の短縮、身体的負担の大きい作業の制限、ストレス・緊張を多く感じる作業の制限、通勤緩和、休憩の配慮　など
産後体調が悪い	休業（自宅療養）、勤務時間の短縮、身体的負担の大きい作業の制限、ストレス・緊張を多く感じる作業の制限、通勤緩和、休憩の配慮　など
妊娠中・産後の不安・不眠・落ち着かないなど	休業（入院加療・自宅療養）、勤務時間の短縮、ストレス・緊張を多く感じる作業の制限、通勤緩和、休憩の配慮　など
合併症等（自由記載）	疾患名に応じた主治医等からの具体的な措置、もしくは上記の症状名等から参照できる措置　など

> **コメント**
>
> 　妊産婦から、保健指導または健康診査に基づき医師等から指導を受けた旨の申出があった場合、事業主は必要な措置を講じる必要があります（詳細は第1章5ページ参照）。申出に当たっては、このカードの利用に努めるものとされています。

348　第4章　実務で使えるツール編

著者略歴

島　麻衣子（しま　まいこ）
社会保険労務士法人ヒューマンテック経営研究所
法人社員（役員）
特定社会保険労務士、キャリアコンサルタント、
産業カウンセラー

　慶應義塾大学文学部卒。全日本空輸株式会社（ANA）入社、国際線客室乗務員として勤務。出産を機に退職後、1996年社会保険労務士資格を取得し、その後、大手社労士法人に15年間在職。法人社員（役員）を経て、2012年1月に独立し、「社会保険労務士 島 麻衣子事務所」開業。6年3ヵ月にわたり同事務所代表を務める。2018年4月ヒューマンテック経営研究所に入所。人事労務相談、就業規則作成・改定のほか、女性活躍推進、ワーク・ライフ・バランス、ハラスメント問題等に関するコンサルティング、各種セミナー、専門誌等への執筆を行う。

　主な著書に『今すぐ使える！男性育休の対応と実務―令和3年改正育児・介護休業法対応―』（第一法規）、『中小企業がイキイキ輝く！女性活躍推進法 一般事業主行動計画 課題別策定ガイド』（第一法規）がある。また、専門誌『月刊人事労務実務のＱ＆Ａ』（日本労務研究会）にて「女性が活躍する会社づくりの実務」を連載中。2017～2024年度「東京都女性の活躍推進加速化事業」講師。その他執筆・研修実績多数。

改訂版	令和4年5月30日 初版発行
産休・育休制度の実務が	令和7年2月20日 改訂初版
まるっとぜんぶわかる本	

検印省略

著　者　島　　　麻衣子
発行者　青　木　鉱　太
編集者　岩　倉　春　光
印刷所　東　光　整　版　印　刷
製本所　国　宝　社

〒101-0032
東京都千代田区岩本町1丁目2番19号
https://www.horei.co.jp/

（営　業）　TEL　03-6858-6967　　Eメール　syuppan@horei.co.jp
（通　販）　TEL　03-6858-6966　　Eメール　book.order@horei.co.jp
（編　集）　FAX　03-6858-6957　　Eメール　tankoubon@horei.co.jp

（オンラインショップ）　https://www.horei.co.jp/iec/
（お詫びと訂正）　https://www.horei.co.jp/book/owabi.shtml
（書籍の追加情報）　https://www.horei.co.jp/book/osirasebook.shtml

※万一、本書の内容に誤記等が判明した場合には、上記「お詫びと訂正」に最新情報を掲載しております。ホームページに掲載されていない内容につきましては、FAXまたはEメールで編集までお問合せください。

・乱丁、落丁本は直接弊社出版部へお送りくださればお取替えいたします。
・JCOPY 〈出版者著作権管理機構 委託出版物〉
　本書の無断複製は著作権法上での例外を除き禁じられています。複製される場合は、そのつど事前に、出版者著作権管理機構（電話03-5244-5088、FAX 03-5244-5089、e-mail: info@jcopy.or.jp）の許諾を得てください。また、本書を代行業者等の第三者に依頼してスキャンやデジタル化することは、たとえ個人や家庭内での利用であっても一切認められておりません。

Ⓒ M.Shima 2025. Printed in JAPAN
ISBN 978-4-539-73089-8